Küchen planen & einrichten

Die besten Grundrisslösungen

Individuelle Anpassungen

Preisfallen und Lockangebote

Verein für Konsumenteninformation (Hrsg.)
Gernot Schönfeldinger, Helga Schimmer

Küchen planen & einrichten

3., aktualisierte Auflage

Impressum

Herausgeber
Verein für Konsumenteninformation (VKI)
Mariahilfer Straße 81, A-1060 Wien
ZVR-Zahl 389759993
Tel. 01 588 77-0, Fax 01 588 77-73, E-Mail: konsument@vki.at
www.konsument.at

Geschäftsführung
Ing. Franz Floss
Dr. Josef Kubitschek

Autor 1. und 2. Auflage
Mag. Gernot Schönfeldinger

Bearbeitung 3. Auflage
Helga Schimmer

Lektorat
Doris Vajasdi

Produktion
Günter Hoy
Edwin Würth

Foto Umschlag
Ikea Österreich

Illustrationen
Erwin Haberl

Druck
Holzhausen Druck GmbH, 1140 Wien

Stand
Juni 2011

Einzelbestellung VKI
Konsument, Kundenservice
Mariahilfer Straße 81, A-1060 Wien
Tel. 01 588 774, Fax 01 588 77-72
E-Mail: kundenservice@konsument.at

Wir sind bemüht, so weit wie möglich geschlechtsneutrale Formulierungen zu verwenden. Wo uns dies nicht gelingt, gelten die entsprechenden Begriffe im Sinne der Gleichbehandlung grundsätzlich für beide Geschlechter.

Bibliografische Information der Deutschen Nationalbibliothek
Die Deutsche Nationalbibliothek verzeichnet diese Publikation in der Deutschen Nationalbibliografie; detaillierte bibliografische Daten sind im Internet über http://dnb.d-nb.de abrufbar.

Verein für
Konsumenteninformation
ISBN 978-3-99013-004-9

€ 14,90

Liebe Leser!

Wer gerade eine Wohnung oder ein Haus einrichtet, weiß es aus eigener Erfahrung: Die Traumküchen in den Hochglanzprospekten lassen sich in der Praxis nur schwer realisieren. Oft behindern Raummaße und Bankkonto die Verwirklichung der persönlichen Vorstellungen. Eine mit allen technischen Raffinessen ausgestattete Küche kann immerhin so viel wie ein Kleinwagen kosten, wobei insbesondere die Innenausstattung der Möbel und die Funktionsvielfalt der Geräte den Preis in die Höhe treiben. Aber auch Standardausführungen sind – entgegen den Versprechungen von Lockangeboten – nicht billig.

Eine Kücheneinrichtung soll optisch ansprechend und funktionell sein, vor allem aber viele Jahre ihren Zweck erfüllen. Kochen, essen, reden, beisammen sein – die Küche ist in vielen Fällen das Kommunikationszentrum des Hauses. Hier trifft sich die ganze Familie, hier verbringt man gemütliche Stunden mit Freunden. Planungsfehler und überstürzte Kaufentscheidungen können zum dauerhaften Ärgernis werden. Es lohnt sich also, vorab alle Details zu beachten, die das Arbeiten und Wohnen langfristig zum angenehmen Erlebnis machen.

Dieses Buch unterstützt Sie bei der Planung Ihrer Küche, stellt Einrichtungslösungen für die häufigsten Grundrisse vor und hilft Ihnen, sich in der Angebotsvielfalt zurechtzufinden. Es zeigt Ihnen, welche Möbel, Arbeitsoberflächen und Geräte Ihren individuellen Bedürfnissen am besten gerecht werden, und gibt außerdem wertvolle Tipps zu rechtlichen Fragen wie Kaufvertrag, Gewährleistung, Garantie und Reklamation.

Eines aber liegt uns ganz besonders am Herzen: dass Sie beim Konzipieren und Gestalten Ihrer neuen Küche viel Freude haben!

Gerhard Früholz
Verein für Konsumenteninformation

9 Arbeiten und wohnen
10 Funktionen des Küchenraums
10 Die räumlich abgetrennte Arbeitsküche
11 Die Essküche
12 Die Wohnküche (integrierte Küche)
13 Küchengrundrisse
13 Einzeilige Küche
13 Zweizeilige Küche
14 L-förmige Küche
14 U-förmige Küche
14 Kochnische
14 Insellösungen
15 Küchen-Marktübersicht
15 Küchenblock (Fertigküche)
16 Einbauküche
17 Modulküche
18 Akzente und echte Individualität

21 Arbeitsökonomie und -ergonomie
22 Das Arbeitsdreieck
24 Norm und Wirklichkeit
25 Mindeststellflächen
26 Mindestabstände
27 Ein Beispiel aus der Praxis
29 Individuelle Abstimmung
31 Optimale Arbeitshöhen
34 Elektro-, Gas- und Wasseranschlüsse
36 Die richtige Beleuchtung

39 Die Küchenbausteine
40 Möbel
40 Schränke
45 Türen, Schubladen, Auszüge
47 Detaillösungen
51 Qualität erkennen
54 Kindersichere Küche
55 Geräte
55 Spülbecken
59 Geschirrspülmaschinen
61 Herde
67 Zusatzgeräte zum Garen, Braten und Grillen
69 Kühl- und Gefriergeräte
75 Dunstabzüge
76 Kleingeräte

Materialien 83
Möbeloberflächen 84
Korpusse 84
Fronten 84
Arbeitsplatten 88
Wandverkleidungen 92
Fliesen 92
Glas 93
Schichtstoff 93
Corian 94
Edelstahl 94
Granit 94
Kompositstein 94
Bodenbeläge 95
Linoleum 95
Schaumpolsterbeläge 95
Kunststoff-Fliesen 96
Teppich 96
Flotex 96
Holz 96
Laminat (Melamin) 97
Kork 97
Fliesen 97
Terrakottafliesen 98
Granit 99
Marmor und Kalkstein 99
Schiefer 99

Planung und Einkauf 101
Küchenanbieter 102
Möbelhäuser 102
Küchenstudios 102
Tischler 103
Anbieter von Selbstbaumöbeln 103
Der Besuch beim Küchenberater 104
Die Preisgestaltung der Küchenhersteller 106

Rechtliches 111
Planung und Kostenvoranschläge 112
Kostenlose Beratung 112
Kostenvoranschläge 113
Kaufverträge 114
Vertragsformen 114
Allgemeine Geschäftsbedingungen (AGB) 115

115 Zustandekommen des Vertrags
116 Vertragsinhalt
117 Anzahlung
118 Sonderfall Ratenkauf
119 Lieferverzug
119 Fälligkeit
120 Nicht ordnungsgemäße Lieferung
120 Mahnung, Nachfrist und Rücktritt
122 Gewährleistung und Garantie
123 Gewährleistung ist nicht gleich Garantie
123 Wann ist eine Sache mangelhaft?
124 Die Mangelvermutung
124 Die Mangelbehebung
125 Der Ort der Gewährleistung
126 Richtlinien für Garantieerklärungen
127 Richtig reklamieren
127 Ausgewählte Musterbriefe

131 Service
133 Adressen
135 Literatur
137 Stichwortverzeichnis

Arbeiten und wohnen

Foto: Anna Marynenko/shutterstock

Die optimale Küche ist weit mehr als ein reiner Arbeitsraum

Funktionen des Küchenraums

Am Beginn Ihrer Planung sollte die Frage nach den Funktionen der Küche als Raum innerhalb der Wohnung/des Hauses und für Ihr Familienleben stehen. Kochen Sie nur gelegentlich, sodass die Küche für Sie nebensächlich ist? Sind Sie begeisterter Hobbykoch? Laden Sie gerne Freunde ein? Legen Sie Wert auf die strenge Trennung von Arbeits-, Ess- und Wohnbereich oder soll die Küche zum zentralen Aufenthaltsort werden?

Aus der Beantwortung dieser Fragen ergeben sich drei grundsätzliche Gestaltungsmöglichkeiten, die sich – abhängig von den Vorgaben des Raumes – vielfältig variieren lassen.

Die räumlich abgetrennte Arbeitsküche

Die reine Arbeitsküche als eigenständiger, vom Wohnbereich vollständig abgetrennter Raum ist eine Erfindung des 20. Jahrhunderts: Die „Frankfurter Küche" – der Urtypus der funktionalen Arbeits- und Einbauküche,

Die „Frankfurter Küche", seit über 70 Jahren Vorbild für die funktionale Arbeitsküche

1927 von der aus Österreich stammenden Architektin Margarete Schütte-Lihotzky entworfen – ermöglichte nicht nur ein effizientes Arbeiten, da alle benötigten Geräte und Utensilien in Griffweite waren; sie sparte vor allem wertvollen Platz in den öffentlichen Wohnbauprojekten der Städte. Als Modeerscheinung hielt sie später auch in so manches Einfamilienhaus Einzug.

Von Vorteil ist, dass man in einer Arbeitsküche ungestört werken kann und Kochgerüche wie -geräusche aus der restlichen Wohnung ausgesperrt bleiben. Als Koch oder Köchin sind Sie jedoch von der Familie bzw. den geladenen Freunden isoliert und von der Unterhaltung ausgeschlossen. Jedes Nachholen von Essen oder Getränken unterbricht das Gespräch am Tisch. Der Essplatz sollte zumindest so gewählt werden, dass der Weg von und zur Küche möglichst kurz ist.

Die Essküche

Essküchen sind Kommunikationszentren für die Familie

Wo genügend Platz vorhanden ist, kann man einen Tisch mit bequemen Stühlen oder einer Eckbank in die Planung integrieren. So wird die Küche zum Zentrum der Kommunikation und des Familienlebens – ganz nach der Tradition früherer Jahrhunderte. Auch Besucher werden sich in einer gemütlichen Küche wohlfühlen.

Wenn Sie trotzdem Wert auf klare Grenzen oder einen Sichtschutz legen, so können Sie die Küche etwa durch eine in den Raum ragende Zeile von Unterschränken, die sich eventuell von beiden Seiten öffnen lassen, vom Essplatz abtrennen. Eine Anrichte, ein offenes Regal, eine Theke, eine kurze, halbhohe Zwischenwand, eine Insellösung (► Seite 14) oder einfach nur ein anderer Bodenbelag bilden weitere optische Barrieren. Sie können reizvolle Akzente setzen und dem Raum zusätzlich Atmosphäre verleihen.

Auch in kleineren Küchen sollte nach Möglichkeit für das schnelle Frühstück oder einen Imbiss ein Essplatz für wenigstens zwei Personen eingeplant werden, sei es in Form einer Theke, einer verlängerten, verbreiterten bzw. ausziehbaren Arbeitsplatte oder eines an der Wand befestigten Klapptisches. Die notwendigen Arbeitsabläufe dürfen dadurch aber nicht behindert werden (► Seite 21).

Eine Kompromisslösung ist der Einbau einer Schiebetür zwischen Küche und Esszimmer. Geöffnet vermittelt sie einen deutlich großzügigeren Eindruck als eine herkömmliche Tür, da die Öffnung größer ist und die Schiebetür weitgehend vor der Wand verschwindet. Geschlossen bietet sie Sicht-, Schall- und Geruchsschutz.

Die Wohnküche (integrierte Küche)

In einer Wohnküche halten sich alle Familienmitglieder gerne auf

Die Wohnküche erfüllt die Anforderungen eines Kommunikationszentrums für die ganze Familie am besten. Sie besteht aus einem zentral gelegenen, großzügig dimensionierten Raum in einer Wohnung oder einem Haus, der Küche, Ess- und Wohnzimmer in sich vereint. In einer Wohnküche sind Sie selten allein. Hier wird von früh bis spät gearbeitet, gespielt, gelesen und ferngesehen, hier wird der Nachmittagskaffee ebenso getrunken wie das Abendessen eingenommen, und der Weg vom Fernsehsofa zum Kühlschrank ist nicht weit. In Kauf nehmen müssen Sie allerdings die Küchengeräusche und -gerüche, weshalb Sie für eine gute Belüftung sorgen sollten (► Seite 75). Die optische Trennung von Arbeits- und Wohnbereich ist auf die gleiche Weise möglich wie in einer Essküche.

Foto: Phase4Photography/shutterstock

Moderne Küche mit funktionaler Anordnung der Elemente und großzügigem Essbereich

Küchengrundrisse

Der Grundriss einer Küche ergibt sich meist als Kompromiss aus den eigenen Vorstellungen und den Vorgaben des Raumes. Unabhängig davon gibt es einige „klassische" Grundrisse, die in adaptierter Form praktisch jeder Einbauküche zugrunde liegen. Auch bewegliche Modulküchen (► Seite 17) können sich aufgrund äußerer Bedingungen nicht wirklich von dieser Anordnung lösen.

Einzeilige Küche

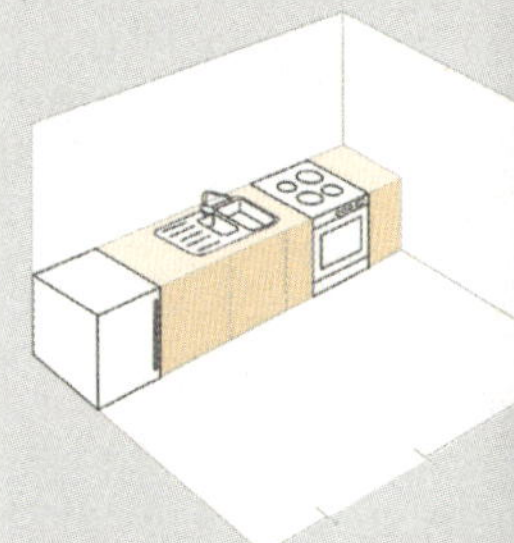

Die platzsparende Lösung für kleine Räume, aber auch für Wohnküchen. Sie bietet allerdings wenig Arbeits-, Stell- und Lagerfläche. Für eine sinnvolle Nutzung inklusive Kühlschrank ist eine Mindestlänge von drei Metern notwendig. Mit gewissen Einschränkungen sind auch kürzere Lösungen möglich (► Seite 24ff.).

Zweizeilige Küche

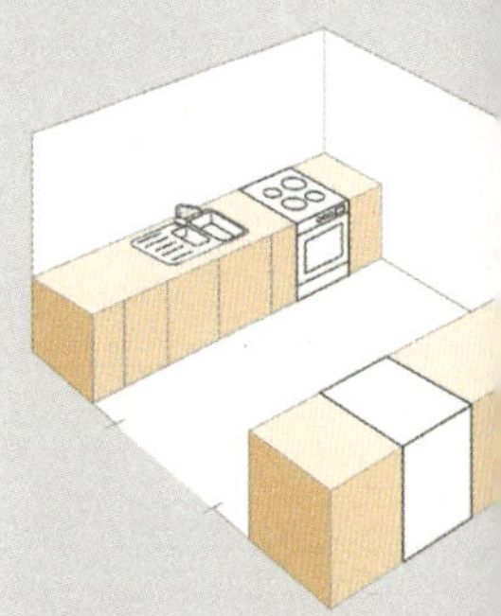

Zwei durchgehende Einheiten liegen einander gegenüber. Diese Lösung ist besonders geeignet für quadratische, aber auch für rechteckige Räume, wenn Tür und Fenster vis-à-vis voneinander angeordnet sind – sofern zwischen den Zeilen genügend Bewegungsfreiheit bleibt (► Seite 26). Herd und Spüle müssen sich nicht unbedingt an derselben Front befinden.

Lohnende Investitionen

Wunsch und Wirklichkeit stimmen selten völlig überein. Versetzen, Durchbrechen oder Weglassen von Wänden und Türen, eventuell auch die Verlegung in einen anderen Raum ermöglichen aber vielleicht die optimale Küchenlösung, technische Machbarkeit und behördliche Erlaubnis vorausgesetzt.

Foto: Andrew Mudrik/shutterstock

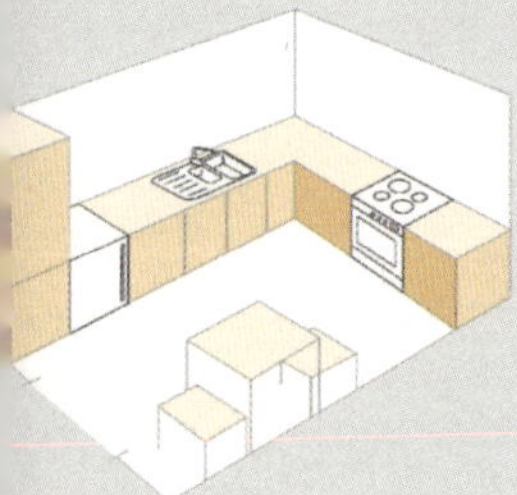

L-förmige Küche

In einem ausreichend großen Raum lässt diese Lösung Platz für einen Tisch, ohne dass die Arbeitsabläufe behindert werden (► Seite 22). Die Länge der beiden Schenkel kann beliebig variiert werden. Besondere Überlegung erfordert eine gute Nutzung der Ecken (► Seite 44).

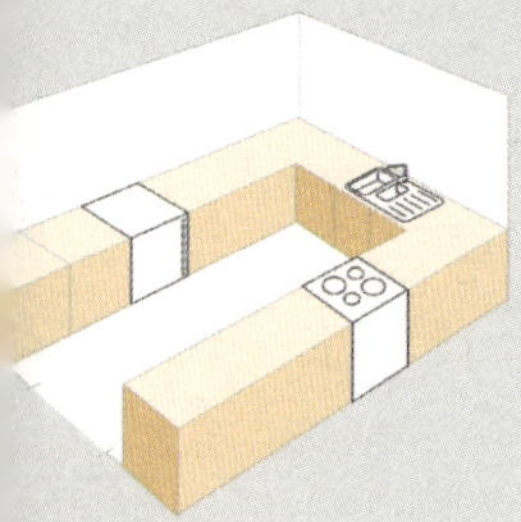

U-förmige Küche

Diese Anordnung bietet eine Menge Arbeits-, Stell- und Lagerfläche. Wie bei der L-förmigen Küche muss allerdings die Nutzung der Ecken besonders durchdacht sein (► Seite 44), und wie bei der zweizeiligen Küche müssen Sie auf genügend Bewegungsfreiheit zwischen den Schenkeln achten (► Seite 26).

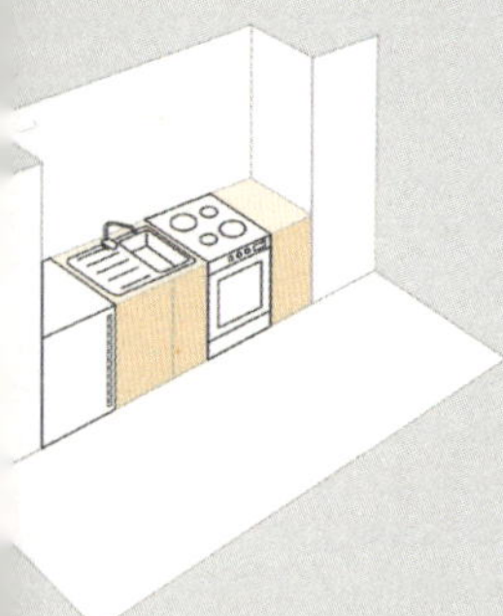

Kochnische

Die Kochnische ist vor allem in sehr kleinen Wohnungen zu finden. Meist einzeilig, manchmal auch in L-Form mit einem sehr kurzen Schenkel, sind dort die wichtigsten Geräte und eine Handvoll Schränke auf engstem Raum vereint. Arbeitsflächen sind nur spärlich vorhanden. Als Aufgabe für den Planer bleibt, die Einzelteile möglichst zweckmäßig aneinanderzureihen. Abhängig von der Nischentiefe müssen Sie links und rechts auf genügend Ellbogenfreiheit achten.

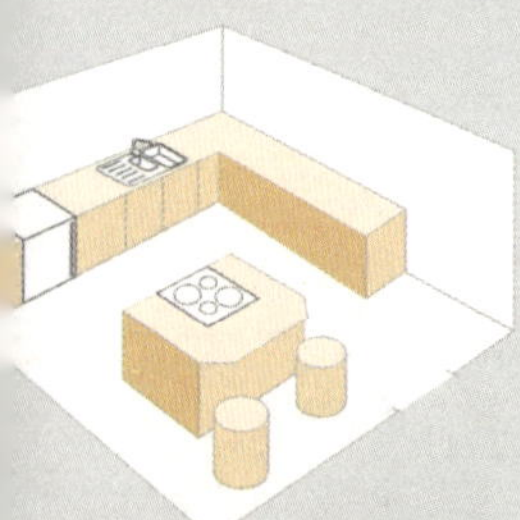

Inseln verkürzen die Wege zwischen den Arbeitsbereichen – und sie sehen gut aus

Insellösungen

Eine von der Küchenzeile abgesetzte Koch-, Spül- oder Vorbereitungsinsel liegt schon seit Längerem im Trend. Diese Lösung ist jedoch nur in einem ausreichend großen Raum möglich, da schon die Insel allein mindestens einen Quadratmeter beansprucht und genügend Bewegungsfreiheit zwischen Küchenzeile und Insel übrig bleiben muss (► Seite 26). Aufwendiger und noch genauer zu planen als bei den anderen Grundrissen sind die Elektro-, Gas- und Wasserinstallationen (► Seite 34). Inseln können aber auch durch eine Arbeitsplatte auf einer Seite mit der restlichen Küche verbunden sein. Eine solche Lösung bewährt sich beispielsweise bei U-förmigen Küchen, um die Wege zwischen den Arbeitsbereichen kürzer zu machen. Die nach außen liegende Seite der Insel kann dann als Essplatz gestaltet sein.

Küchen-Marktübersicht

Vor der Suche nach einem konkreten Küchenmodell müssen Sie sich darüber klar werden, welche Art von Küche Sie haben möchten. Soll es eine individuell geplante, aber klassische Einbauküche sein? Genügt ein preisgünstiger, vorgefertigter Küchenblock? Oder suchen Sie neue, flexiblere Lösungen? Der Markt bietet Herkömmliches ebenso wie Ausgefallenes. Unabhängig davon können Sie auch persönliche Akzente setzen.

Küchenblock (Fertigküche)

Einfache Lösung für den geringen Anspruch

In Möbelhäusern und Baumärkten werden die markenlosen, in großen Stückzahlen hergestellten Küchenblöcke schon ab etwa 860 Euro (ohne Lieferung und Montage) angeboten. Im Preis inbegriffen sind Unterschränke, Oberschränke, Arbeitsplatte sowie meist auch Spüle, Herd und Kühlschrank. Die Lichtblenden und die Kranzleisten (Gesims) müssen Sie hingegen extra bezahlen.

Die langlebige Qualität einer herkömmlichen Einbauküche können Sie für diesen Preis freilich nicht erwarten, sondern eben verhältnismäßig einfache Scharniere und Schubladenführungen, billige Elektrogeräte und

Geringer Anspruch

Für die Ausstattung eines Wochenendhauses oder Ferienapartments sowie für Gelegenheitsköche ist der Kauf eines preisgünstigen Küchenblocks durchaus überlegenswert.

Foto: Baloncici/shutterstock

kaum Auswahl beim Design. Größe und Form sind vorgegeben und nicht variabel. Manche Küchenblöcke sind aber erweiterungsfähig. Zögern Sie einen Nachkauf von Erweiterungsteilen allerdings nicht zu lange hinaus – sie sind (wie die Küchenblöcke selbst) meist nur für kurze Zeit in der jeweiligen Ausführung erhältlich.

Einbauküche

Individuell geplante Einbauküchen aus vorgefertigten Einzelelementen – oft in Verbindung mit Insellösungen – sind bei den Küchenkäufern immer noch am meisten gefragt. Dementsprechend vielfältig ist das Angebot. Hinsichtlich der Qualität der einzelnen Teile gibt es bei den namhaften Herstellern normalerweise keine Probleme (► Seite 51).

Natürlich muss man bei einer individuell geplanten Einrichtung in höherer Qualität tiefer in die Tasche greifen als bei einem Küchenblock „von der Stange". Für eine drei Meter lange Küchenzeile mit relativ einfach ausgestatteten Unter- und Oberschränken mit Türen und Fachbrettern, aber nur wenigen Laden und Auszügen müssen Sie 2.200 bis 2.900 Euro veranschlagen – inklusive Lieferung und Montage, aber ohne Elektrogeräte. Günstiger sind Messe- oder Ausstellungsstücke im Ausverkauf, die dann allerdings in Farbe und Größe auch exakt in Ihre Wohnung passen müssen.

Eine Einbauküche lässt sich individuell anpassen und nützt den Raum optimal aus

Eine gut geplante Einbauküche nutzt mit Unter-, Ober- und Hochschränken sowie der maßgenauen, durchgehenden Arbeitsplatte den vorhandenen Raum praktisch in alle Richtungen optimal aus. Kleine, nicht nutzbare Hohlräume werden mit Blenden verkleidet. In Verbindung mit Einbau-Elektrogeräten bieten die Küchenzeilen so ein einheitliches, geordnetes Bild, wo alles seinen Platz hat.

Und genau hier liegt auch ein möglicher Nachteil der Einbauküchen: Schränke und Geräte stehen fix auf dem ihnen zugewiesenen Platz. Ein nachträgliches Umstellen ist mit hohem Aufwand und beträchtlichen Kosten verbunden. Ähnliches gilt für das Mitnehmen einer Einbauküche in eine andere Wohnung. Je individueller und genauer eine Küche dem Aufstellungsort angepasst ist, desto schwieriger wird es, sie anderswo in gleicher oder ähnlicher Form wieder aufzubauen.

Modulküche

Die Anfänge der sogenannten Modulküche reichen zwar in die 1980er-Jahre zurück, durchsetzen konnte sie sich aber erst in letzter Zeit. Ihr Prinzip ist ebenso ausgefeilt wie simpel: Die einzelnen Arbeitsbereiche wie Koch-, Vorbereitungs- und Spülzentrum sowie die passenden Schränke werden nicht mit einer durchgehenden Arbeitsplatte verbunden, sondern sind als selbstständige, teils mobile Elemente auf Rollen ausgeführt. Manche Hersteller bieten auch Arbeitsplatten an, die wie eine Brücke eine wieder entfernbare Verbindung zwischen den Elementen herstellen. Andere haben zu den Modulen passende Paneelwände mit speziellen Aufhängesystemen im Programm. Oberschränke, Borde und selbst der Dunstabzug bzw. die Umlufthaube werden einfach am Paneel eingehängt und ersparen das Anbohren der Wohnungswände.

Die meist in modernem Design gestalteten Elemente können einzeln gekauft, individuell mit Auszügen, Fächern usw. ausgestattet und beliebig auf- und umgestellt werden. Die durchwegs namhaften Hersteller garantieren über Jahre hinaus die Verfügbarkeit aller dazugehörigen Teile. So können die Modulküchen „mitwachsen“ und Schritt für Schritt Ihren Wohn- und Familienverhältnissen, aber auch Ihrer Einkommenssituation angepasst werden. Denn billig ist eine solche Lösung letztlich nicht – auch wenn die Preise in den vergangenen Jahren gesunken sind. Ein einfaches Spülenmodul kostet ab 1.200 Euro, ein Kochmodul ab 1.500 Euro (inklusive Geräte).

Das in der Werbung gern gebrauchte Argument der beliebigen Aufstellbarkeit ist jedoch mit Vorsicht zu genießen: Auch eine Modulküche ist an die Vorgaben des Raumes gebunden. Wo es an Platz mangelt, ist eine Aufreihung der Module an der Wand entlang unvermeidlich. Des Weiteren sind Elektro-, Gas- und Wasseranschlüsse nicht so einfach zu ignorieren. Auf jeden Fall sollten Sie eine an den Arbeitsabläufen orientierte Aufstellung wählen, bei der Sie die Wege zwischen den einzelnen Arbeitsbereichen kurz halten können (► Seite 22).

Da die meisten Modulküchenhersteller auch Einbauküchen anbieten, können Sie die einzelnen Elemente beider Systeme miteinander kombinieren. Manche Anbieter haben bereits abgestimmte Mischformen nach diesem Muster im Programm: Spüle, Koch- und Vorratsbereich sind z.B.

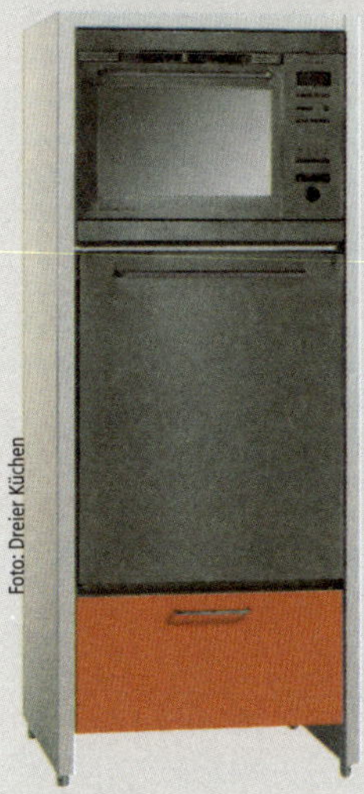

Technikmodul

Spülmodul

Foto: www.virtuelles-kaufhaus.de

Die Küche im Koffer

Für den Normalgebrauch weniger zu empfehlen sind rollbare Miniküchen in Kofferform mit ihren ein bis zwei Kochplatten und einer Mini-Spüle. Ein denkbarer Einsatzort ist etwa der Hobbyraum im Keller oder eine Studentenwohnung. Daneben gibt es etwas aufwendigere Modelle, die sich in einem Küchenschrank verbergen. Auch diese sogenannten Schrankküchen sind vor allem für Studentenwohnungen oder Büros interessant (Preis: rund 1.000 bis 1.200 Euro).

als eigenständige Module ausgeführt, die zwar grundsätzlich für sich alleine stehen können, aber auch dafür eingerichtet sind, eine Verbindung mit Elementen von Einbauküchen desselben Herstellers einzugehen.

Akzente und echte Individualität

Die Idee der Modulküche aufgreifend, ist eine Reihe weiterer Lösungen denkbar: so z.B. die Auflockerung einer Einbauküchenzeile durch frei stehende Einzelstücke (Solitärmöbel). Große, farbige Kühlschränke etwa

Foto: Thierry Pitsoul/shutterstock

Die „offene" Küche

„Offene" Küchen erfreuen sich ungebrochener Beliebtheit. Auf Oberschränke wird hier weitgehend verzichtet, Regale, Borde und Relings dominieren das Bild. Vom Topf über den Kochlöffel bis hin zum Speisegeschirr wird alles offen aufbewahrt. Das hat zwar seine optischen Reize und ist praktisch, weil alle Arbeitsgeräte übersichtlich angeordnet und sofort greifbar sind. Aber zugleich ist alles, was sich nicht in einem Schrank befindet, Küchendünsten und dem Staub ausgesetzt. Als Kompromisslösung können Sie alle Utensilien und Behälter, die Sie laufend benutzen und schnell bei der Hand haben müssen, offen aufbewahren und den Rest in Schränken verstauen. Etwas Schutz bieten auch schon Vorhänge vor offenen Regalen. Sie verleihen der Küche zudem eine wohnliche Atmosphäre. Den Überblick können Sie übrigens auch gut bewahren, wenn Sie Hochschränke mit Fenster- oder Glastüren wählen.

sind schon seit Längerem auf dem Markt (► Seite 71). Den gleichen Effekt können Sie mit einer Kredenz, einer Anrichte oder einem Tisch erzielen. Bunt oder naturbelassen, alt oder neu – erlaubt ist, was Ihnen gefällt und eine gemütliche Atmosphäre schafft.

Im Extremfall können Sie die gesamte Kücheneinrichtung aus alten Einzelstücken und aus Stand- oder Unterbaugeräten (► Seite 73) zusammenstellen. Ebenso sind Kombinationen von Elementen verschiedener Küchenhersteller möglich. Wichtig ist nur, dass Sie die grundsätzlichen Dinge – ausreichend Arbeitsfläche, Höhe und Tiefe der Einzelstücke, Reihenfolge der Arbeitsabläufe – beachten. Das erfordert mitunter einiges Tüfteln, bis die Teile auch funktional zusammenpassen.

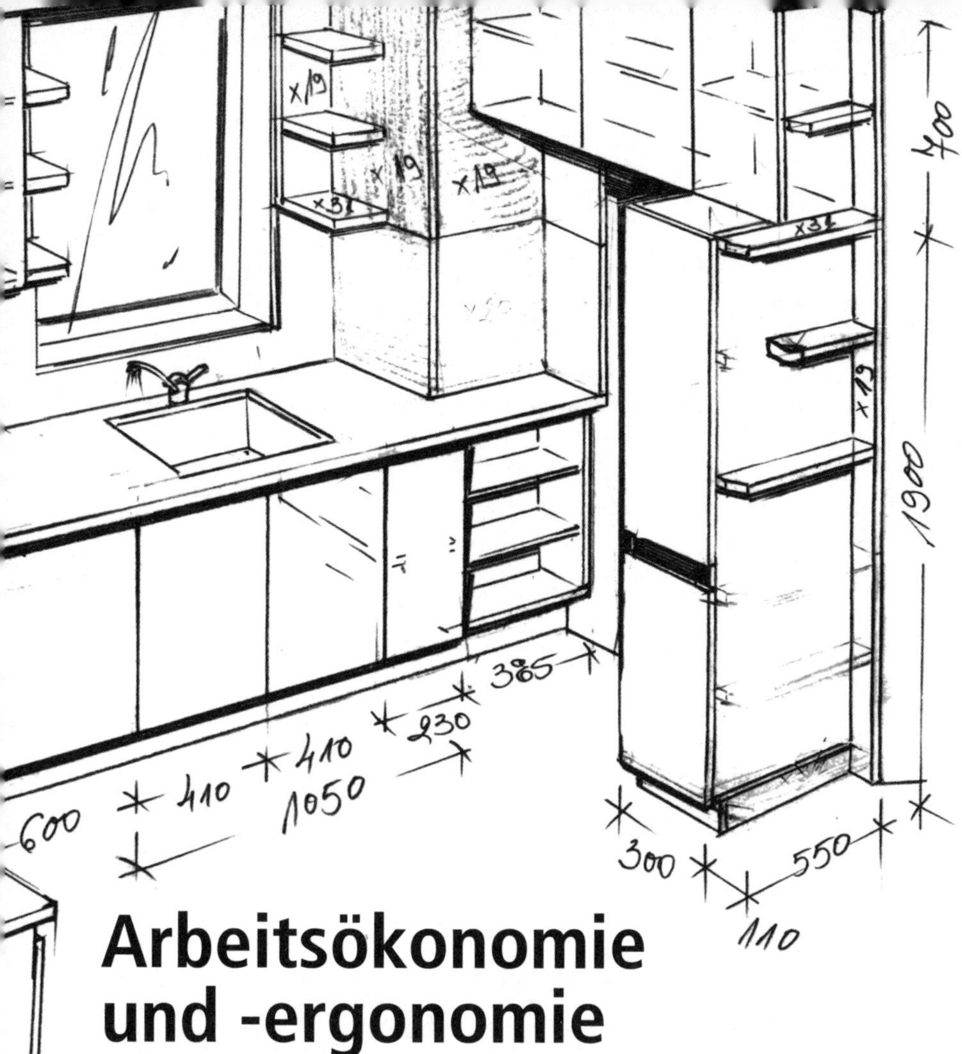

Foto: Angel_Vasilev77/shutterstock

Arbeitsökonomie und -ergonomie

Normen sind gute Planungsgrundlagen.
Die individuellen Bedürfnisse haben jedoch Vorrang

Das Arbeitsdreieck

Wenn Sie am Tag drei Mahlzeiten zubereiten, summiert sich die zurückgelegte Wegstrecke auch in einer optimal eingerichteten Küche leicht auf mehrere Kilometer. Um Fehlplanungen zu vermeiden, sollten Sie das Grundschema des sogenannten Arbeitsdreiecks heranziehen. Es organisiert die Abläufe in der Küche unter Berücksichtigung der drei wichtigsten Funktionen:

1. **Vorratshaltung** (Schränke und Kühlgeräte)
2. **Vorbereiten** (Spüle und Arbeitsflächen)
3. **Kochen** (Herd und Abstellflächen)

Die Anordnung im Uhrzeigersinn eignet sich für Rechtshänder am besten.

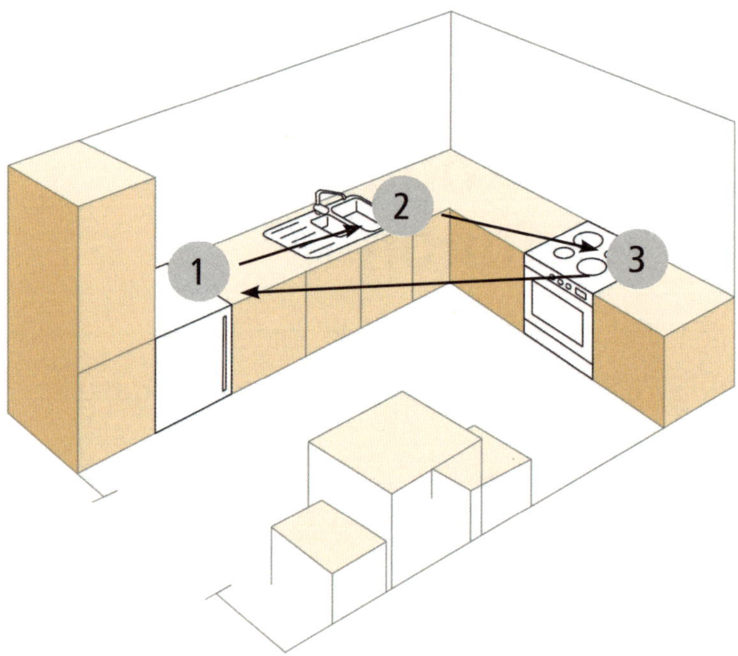

Der Essplatz darf nicht im Weg sein

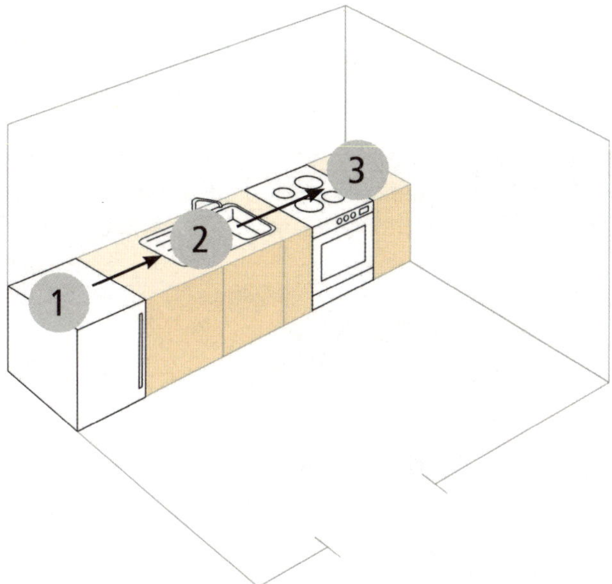

Das Arbeitsdreieck kann auch eine Gerade sein

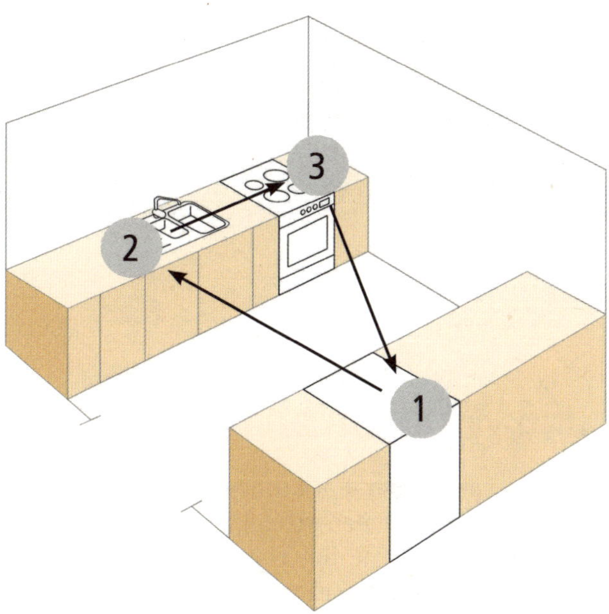

Bei dieser Lösung braucht man sich während der Arbeit nur umzudrehen – sofern der Abstand zwischen den Zeilen nicht zu groß ist

Für die optimale Einrichtung einer Linkshänderküche sollten Sie gleichfalls die auf ► Seite 22 genannte Reihenfolge 1. Vorratshaltung – 2. Vorbereiten – 3. Kochen einhalten, allerdings entgegen dem Uhrzeigersinn.

Von rechts nach links arbeitet es sich für Linkshänder leichter

Foto: Ewe Küchen

Norm und Wirklichkeit

Mit der optimalen Einrichtung von Küchen haben sich in den vergangenen Jahrzehnten nicht nur Innenarchitekten und Designer beschäftigt, sondern auch Normungsinstitute. Ihre eigentliche Leistung war die Standardisierung zumindest der wichtigsten Möbelmaße (► Seite 40ff.). Sonst liegen zwischen den starren Normen und der Praxis oft Welten – nicht zuletzt, weil die Menschen in den letzten Jahrzehnten durchschnittlich immer größer geworden sind, die Normen aber nicht entsprechend überarbeitet wurden. Zur grundsätzlichen Orientierung – vor allem was die Arbeits- und Stellflächen betrifft – können sie dennoch herangezogen werden.

Normen hinken den aktuellen Entwicklungen oft hinterher

Mindeststellflächen

Im Folgenden einige Beispiele aus der DIN-Norm bzw. der ÖNORM. Die Reihenfolge entspricht der Anordnung für eine Rechtshänder-Küche, beginnend mit der Spüle auf der linken Seite. Für Linkshänder gilt die seitenverkehrte Anordnung, d.h., die Spüle befindet sich rechts außen.

Mindestfrontbreiten laut Norm

	DIN	ÖNORM
Doppelspüle	90 cm	
Doppelspüle mit Abtropffläche		120 cm
Arbeitsfläche	60 cm	90 cm
Herd	60 cm	60 cm
Abstellfläche	30 cm	30 cm
Summe	240 cm	300 cm

In keiner der beiden Grundversionen sind Vorratsschränke (► Seite 43), hochgestellte Backrohre (► Seite 33) oder Kühlgeräte (► Seite 69ff.) vorgesehen. Diese sowie eine zusätzliche Arbeitsfläche (DIN: 120 cm, ÖNORM: 90 cm) müssen in einer zweiten Küchenzeile eingeplant werden. Beide Normmodelle setzen daher einen entsprechend großen, rechteckigen oder quadratischen Raum voraus. Nicht zwingend ist in der ÖNORM die Abtropffläche bei der Spüle, wodurch 30 cm eingespart werden können.

Mindestabstände

Bei der Planung sollten Sie möglichst auch den genormten Mindestabstand vor einer Küchenzeile von 1,20 Metern beachten. Gemeint ist der Abstand zwischen zwei Küchenzeilen bzw. die Distanz zwischen einer Küchenzeile und der gegenüberliegenden Wand oder einer Insel. Der Mindestabstand ist auf die Normtiefe der Arbeitsplatten (60 cm) bzw. der Unterschränke (58 cm, inklusive Front) abgestimmt. Nur so ist auch bei geöffneten Türen und Schubladen noch genügend Bewegungsfreiheit gewährleistet und die Türen und Schubladen von zwei einander gegenüberliegenden 60 cm breiten Unterschränken können ohne aneinanderzustoßen geöffnet werden.

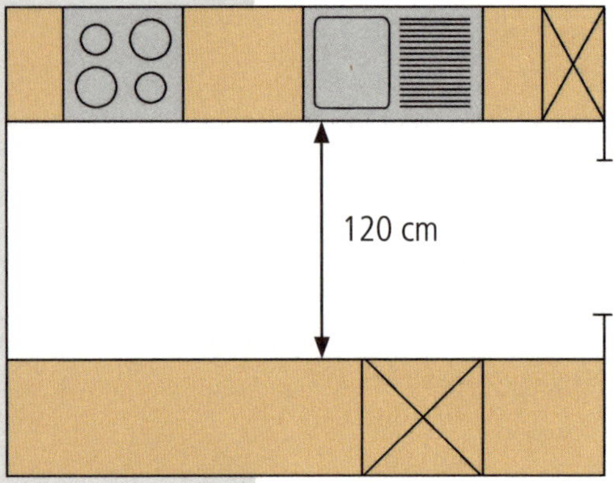

Aus **Sicherheitsgründen** sollte auch ein Mindestabstand zwischen der Herdoberfläche und dem Dunstabzug eingehalten werden: Bei Elektrokochplatten/-feldern sind es 65 cm, bei Kochstellen mit offenen Flammen sogar 90 cm.

Wichtig ist außerdem ein Abstand von mindestens 50 cm zwischen der Arbeitsplatte und der Unterkante der Oberschränke, da es sonst beim Hantieren mit Kleingeräten wie Handmixer oder Kaffeemaschine Probleme geben kann. Beim Arbeiten mit den verschiedenen Aufsätzen einer Küchenmaschine ist diese relativ geringe Höhe auf jeden Fall störend. Deshalb sollten Sie den Abstand zu den Oberschränken zumindest über dem Hauptarbeitsbereich ebenfalls mit 65 cm ansetzen. Gleiches gilt für die Spüle, wo zu tief hängende Oberschränke beim Reinigen von Backblechen und großen Töpfen im Weg sind.

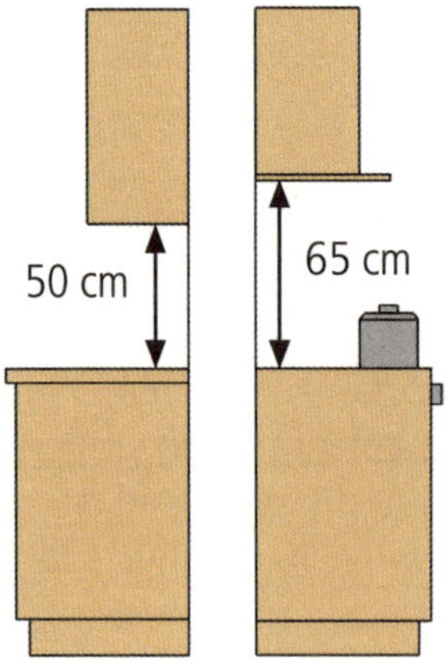

Ein Beispiel aus der Praxis

In der Praxis schlagen sich die Normen auch heute noch in den Grundrissplänen neu errichteter Wohnungen nieder, wo die Architekten Spüle, Arbeitsplatte und Herd normgerecht, aber einfallslos aneinanderreihen. Somit sind auch die Elektro-, Gas- und Wasseranschlüsse zum Teil dort, wo sie die späteren Bewohner gar nicht brauchen können.

Der ursprüngliche Vorschlag

Die Küche einer neu errichteten Vier-Zimmer-Wohnung von 100 Quadratmetern auf dem Architektenplan. Eigentlich wäre dieser Raum wegen der nicht normgerechten Breite von 2,08 statt 2,40 Metern nur für eine einzeilige, aber in diesem Fall indiskutable Lösung geeignet.

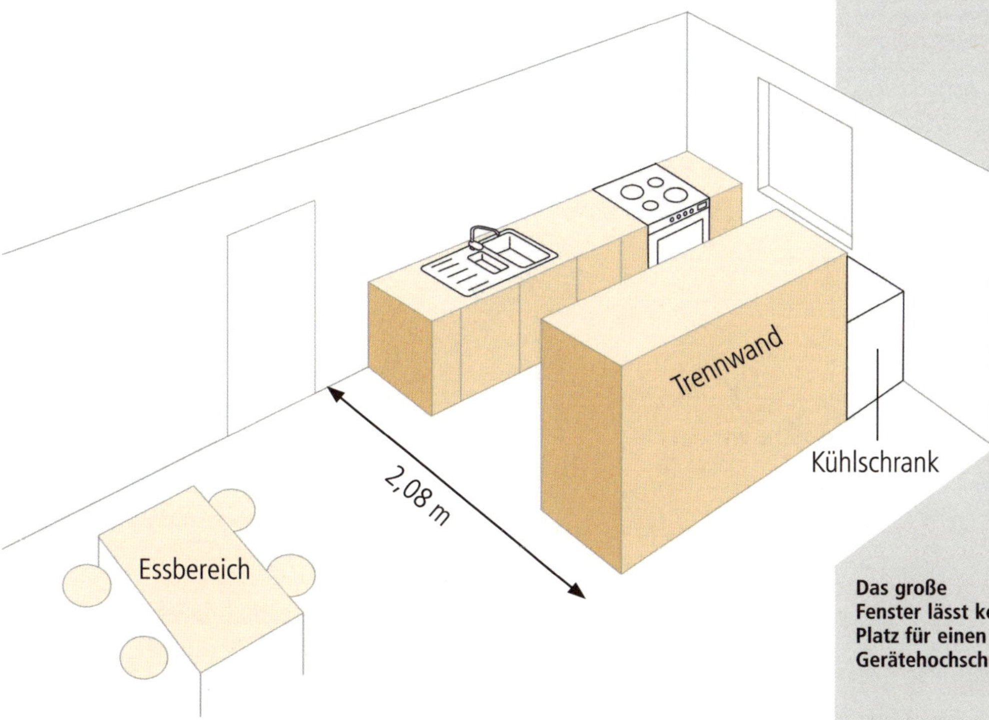

Das große Fenster lässt keinen Platz für einen Gerätehochschrank

Die Lösung

Ein Kompromiss, mit dem es sich leben lässt und der den vorhandenen Raum optimal ausnutzt. Er geht allerdings auf Kosten der Bewegungsfreiheit sowie der Arbeits- und Stellflächen zwischen Spüle und Herd bzw. rechts vom Herd. Auch links von der Spüle wäre eine 30 cm breite zusätzliche Stellfläche praktisch. Der in unserem Beispiel direkt anschließende hochgestellte Backofen stört jedoch kaum, da Rechtshänder in der Regel das Geschirr von rechts nach links spülen und somit genügend Ellbogenfreiheit bleibt. Die Hochschränke am Ende der beiden Küchenzeilen trennen den Kochbereich optisch vom Essplatz und bieten einen teilweisen Sichtschutz.

Die abgeschrägte Arbeitsplatte unter dem Fenster schafft mehr Stellfläche und sorgt für optische Auflockerung

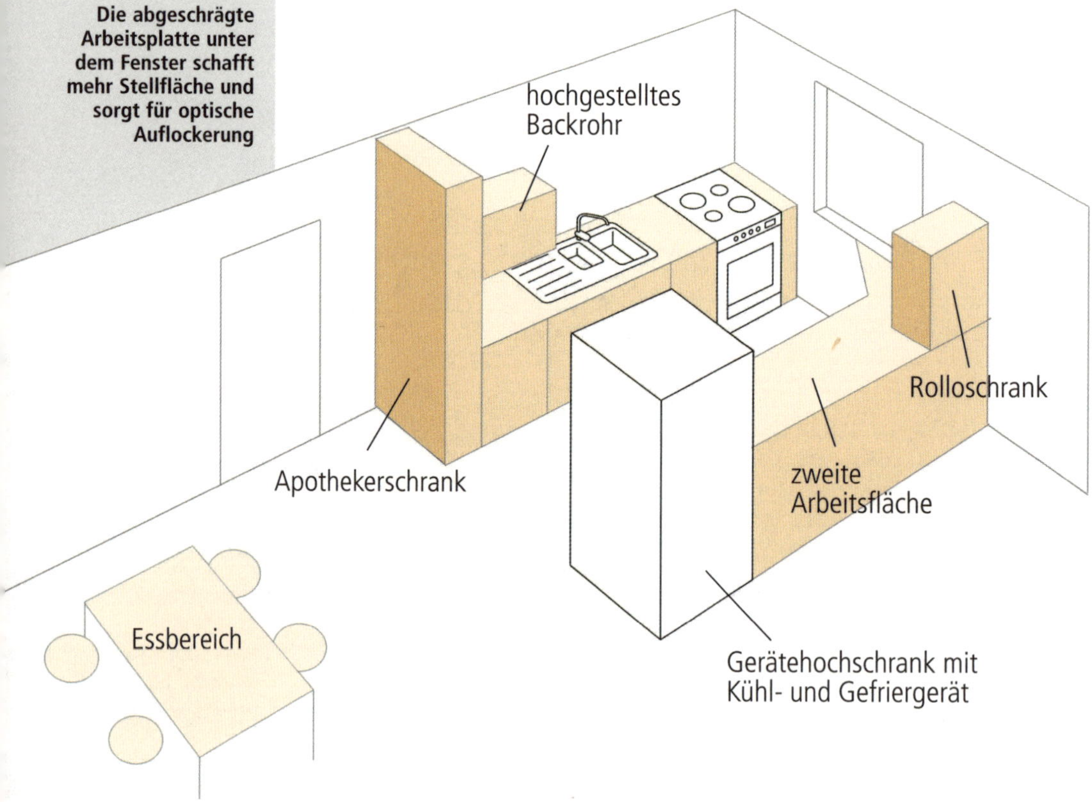

Abweichungen erlaubt

Ziehen Sie Norm und Arbeitsdreieck als sinnvolles Grundschema heran und wandeln Sie sie entsprechend Ihren Wünschen und Kochgewohnheiten sowie den Vorgaben des Raumes ab. Wichtig ist, dass Sie zu einer für Sie akzeptablen Lösung finden, auch wenn Sie ein paar Meter mehr zurücklegen müssen. Einhalten sollten Sie jedoch die Mindestabstände zwischen Arbeitsflächen und der Unterkante von Oberschränken bzw. der Dunstabzugshaube!

Individuelle Abstimmung

Arbeitsdreieck und Normen, deren Ursprünge bis in die 1950er-Jahre zurückreichen, können wie erwähnt bei der Planung einer individuellen Küche nicht mehr sein als veränderbare Grundmuster. So ist es für Sie möglicherweise nicht sinnvoll, den Ablauf Kühlgeräte – Spüle – Herd einzuhalten, wenn Sie statt Frisch- eher Tiefkühlgemüse verwenden, das direkt aus der Packung in den Topf kommt. Dementsprechend weniger Arbeitsfläche werden Sie benötigen.

Persönliche Gewohnheiten bestimmen die Kücheneinrichtung

Ähnliches gilt für die Schränke und Geräte: Wollen Sie einen Großteil Ihres Essgeschirrs in einer Anrichte aufbewahren, so ist in der Küche weniger Stauraum dafür erforderlich. Andernfalls ist es günstig, die Geschirrschränke entweder in der Nähe des Geschirrspülers oder in der Nähe des Essplatzes einzuplanen. Fehlt in Ihrer Wohnung ein Abstellraum, finden Besen und Staubsauger ihren Platz in einem Küchenhochschrank.

Eine möglichst in Küchennähe gelegene Speisekammer wiederum erspart mitunter einen großen Kühlschrank, eine Tiefkühltruhe im Keller oder einen Gefrierschrank. Lagern Sie viele Vorräte ein, zahlen sich ein Vorrats- oder Apothekerschrank (► Seite 43) und geräumige Schubladen aus. Kochen Sie häufig, dann sollten Sie die wichtigsten Utensilien in Reichweite von Arbeitsplatte und Herd aufbewahren und genügend Platz dafür vorsehen. Kochen Sie wenig, genügen eventuell zwei Kochplatten sowie Schränke mit Türen statt teurerer Schubladen. Haben Sie im Bade-

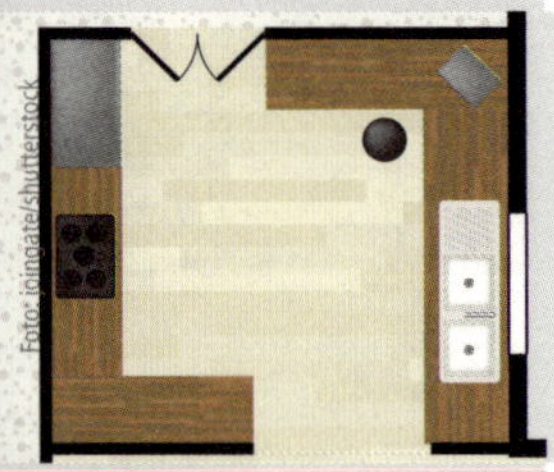

Arbeitsabläufe durchspielen

Gehen Sie anhand einer Grundrisszeichnung die täglichen Handgriffe und Arbeitsabläufe durch und legen Sie grob die Anordnung der gewünschten Möbel und Geräte fest. Orientieren Sie sich dabei am System des Arbeitsdreiecks und berücksichtigen Sie die Lage der Elektro-, Gas- und Wasseranschlüsse. Beachten Sie: Kühlgeräte sollten nicht in der Nähe von Wärmequellen (Herd, Ofen) stehen!

zimmer zu wenig Platz, können Sie eine geeignete Waschmaschine in die Küchenzeile integrieren.

Diese Beispiele sollen Ihnen Anregungen geben, Ihre Küche von Grund auf bedarfsgerecht zu planen. Lassen Sie Ihre Anforderungen unbedingt auch in das Gespräch mit dem Küchenberater einfließen (► Seite 104)!

Beispiel für eine alternative Waschmaschinenlösung: Das Gerät verschwindet im Rollschrank

Optimale Arbeitshöhen

Küchenmöbel sollten idealerweise nicht nur Ihren Wünschen, sondern auch Ihren Körpermaßen und der jeweiligen Tätigkeit angepasst sein. Nur so ist rückenschonendes Arbeiten möglich. Denn schon eine Beugung des Rückens nach vorn von mehr als 20 Grad führt durch die einseitige Belastung der Wirbelsäule auf Dauer zu Beschwerden. Die Einbauküchen in der Nachfolge der „Frankfurter Küche" mit ihren durchgehenden Arbeitsflächen auf einheitlicher, durchschnittlicher Höhe entsprechen deshalb nicht den tatsächlichen ergonomischen Anforderungen.

Grundsätzlich gilt die Regel, dass bei angelegtem Oberarm der Abstand zwischen Ihrem waagerecht abgewinkelten Unterarm und der Arbeitsplatte rund **15 cm** betragen sollte. Dies ermöglicht aufrechtes Stehen beim Vorbereiten. Anders jedoch, wenn Sie schwere Tätigkeiten verrichten wie z.B. Teigkneten: Liegt die dafür vorgesehene Arbeitsplatte um **20 bis 30 cm** unter der Ellbogenhöhe, können Sie das Gewicht Ihres Oberkörpers besser ins Spiel bringen und brauchen weniger Muskelkraft.

Um vorzeitiges Ermüden bei längerem Arbeiten zu vermeiden, ist ein **Sitzarbeitsplatz** vorteilhaft. Er lässt sich in Form einer ausziehbaren oder ausklappbaren Platte schon auf kleinem Raum unterbringen (► Seite 50). Die empfohlene Arbeitshöhe können Sie folgender Tabelle entnehmen.

Sitzarbeitsplatz

Körpergröße (cm)	Arbeitshöhe (cm)
145	51 bis 65
150	53 bis 67
155	55 bis 69
160	56 bis 72
165	58 bis 74
170	60 bis 76
175	62 bis 79
180	64 bis 81
185	65 bis 83
190	67 bis 86
200	71 bis 90

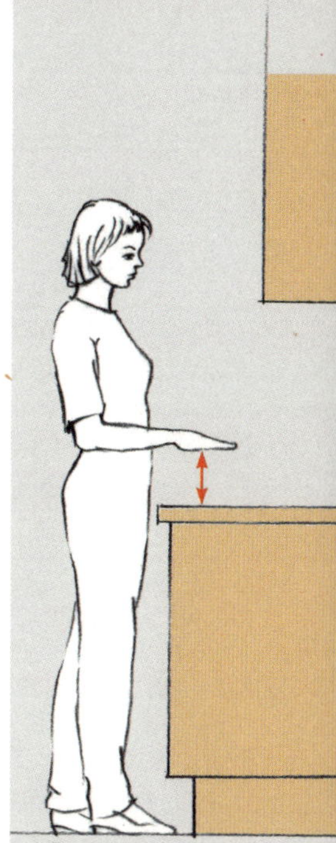

15 Zentimeter, die den Rücken schonen

Nicht immer ideal

Voraussetzung für die ergonomische Anpassung der einzelnen Arbeitsbereiche ist ein entsprechend großer Raum, der eine aufgelockerte Gestaltung erlaubt. In einer kleinen Küche, in der die Bereiche einfach aneinandergereiht werden, wirkt diese Lösung optisch unruhig und durch die Abstufungen geht Arbeits- und Stellfläche verloren. Beachten Sie jedoch auch bei einheitlicher Höhe den 15-cm-Abstand zum Ellbogen!

Arbeiten zwei **unterschiedlich große Personen** gleich häufig in einer Küche, sollten Sie diese nach den Bedürfnissen der kleineren Person einrichten. Es sei denn, die Küche bietet genügend Platz für mehrere individuelle Arbeitsbereiche. Zumindest die Arbeitsplatte können Sie auch mit einem entsprechend starken Schneidbrett erhöhen.

Tiefer gesetzte bzw. vorspringende Herde sind nur in größeren Küchen sinnvoll

Die **Kochmulde** kann man 10 cm tiefer setzen als die Hauptarbeitsplatte, weil Sie die Höhe der Töpfe hinzurechnen müssen. So können Sie leichter an Töpfe herankommen, die auf den hinteren Kochfeldern stehen. Vereinzelt gibt es auf dem Markt Herde mit vier nebeneinander angeordneten Kochfeldern. Sie sind aus ergonomischer Sicht optimal, kosten allerdings mehr als herkömmliche Ausführungen und beanspruchen deutlich mehr Platz in der Breite. Eine praktische, aber ebenfalls „raumgreifende" Lösung ist es, den Herd etwas in den Raum vorspringen zu lassen. So ist er von drei Seiten zugänglich.

Die Oberkante der **Spüle** sollte – unter Berücksichtigung der Beckentiefe – 5 bis 10 cm über dem Niveau der Hauptarbeitsplatte und so nahe wie möglich an der Front liegen. Dadurch verhindern Sie gleichfalls eine gebeugte Haltung.

Was die **Hängehöhe** der Oberschränke betrifft, so sollten Sie laut Norm einen Mindestabstand von 50 cm zur Arbeitsplatte bzw. von 65 (90) cm zur Kochmulde einhalten (► Seite 26). Günstig ist es, wenn Sie die unteren zwei bis drei Fächer der Oberschränke noch bequem ohne Steighilfe erreichen können. Als Faustregel gilt, dass Sie alle laufend benötigten Utensilien und Geräte – vom Topf über den Kochlöffel und den Handmixer bis zum Salzfass – im Bereich zwischen 1,80 m und Ihrer Kniehöhe aufbewahren sollten. Das erspart übermäßiges Bücken und Strecken.

Platz für die Füße

Damit Sie möglichst nahe an die Arbeitsbereiche herantreten können, ist es notwendig, dass die Sockelleisten mindestens fünf Zentimeter von der Küchenfront zurückversetzt sind. Bei Einbauküchen ist das üblich, bei Maßanfertigungen vom Tischler sollten Sie der Fußfreiheit jedoch sicherheitshalber Beachtung schenken.

Foto: Pedro Miguel Sousa/shutterstock

In diesem Zusammenhang ist es auch sinnvoll, den Schrank zur Aufbewahrung der Kochtöpfe mit (Innen-)Auszügen oder Schubladen statt mit unbeweglichen Fachbrettern (Einlegeböden) auszustatten. So haben Sie nicht nur freie Sicht, sondern auch freien Zugriff auf die hintere Reihe. Am besten nutzen Sie den Platz unter der Kochmulde für diesen Zweck, sofern Sie den Backofen gesondert untergebracht haben.

Auszüge ermöglichen einen rascheren Zugriff auf die hintere Reihe

Regelmäßig genutzte Küchenmaschinen sollten Sie auf der Arbeitsfläche und nicht in einem Unterschrank platzieren. Die Erfahrung zeigt, dass sie umso seltener verwendet werden, je umständlicher sie hervorgeräumt werden müssen. Eine Möglichkeit, sie nicht offen und dennoch griffbereit stehen zu haben, ist ein Rolloschrank (► Seite 42).

Die Arbeitsplatten-Standardhöhen bei Einbauküchen liegen bei 86, 91 und 96 Zentimetern. Mithilfe von höhenverstellbaren Sockelfüßen ist aber auf Wunsch jedes beliebige Maß dazwischen und darüber bis zu 100 Zentimetern möglich. Wünschen Sie unterschiedliche Arbeitshöhen, so erfolgt die Anpassung nicht über die Sockel, sondern über die

Aufwärtstrend bei Backofen und Geschirrspüler

Foto: Simone van den Berg/shutterstock

Die Platzierung des Backofens auf Sichthöhe ist empfehlenswert, weil sie den Rücken schont. Jeder Hersteller hat einen entsprechenden Hochschrank im Programm, der eventuell auch die Mikrowelle aufnimmt (► Seite 67). Weniger verbreitet, aber dennoch empfehlenswert ist die Anhebung des Geschirrspülers, damit Sie auch auf den unteren Korb bequemen Zugriff haben. Mittlerweile eignet sich fast jedes Gerät für den hochgestellten Einbau. Es schadet jedoch nicht, sicherheitshalber beim Anbieter nach passenden Modellen zu fragen.

Korpusse. Selbst eine Arbeitshöhe von über 100 Zentimetern, für Personen von 1,90 m Körpergröße aufwärts, ist machbar. Hier werden die Unterschränke sinnvollerweise um eine Schubladenreihe aufgestockt. Dieses hohe Maß an Flexibilität können Sie freilich nicht von allen Herstellern und Einrichtungshäusern respektive Küchenstudios erwarten.

Elektro-, Gas- und Wasseranschlüsse

Energie- und Wasseranschlüsse legen die Positionen der einzelnen Geräte weitgehend fest. Da meist ohnehin zu wenige Steckdosen vorhanden sind und Beleuchtung, Geschirrspüler, Herd (Kochmulde: 380 Volt Drehstrom; Backrohr: 230 Volt Wechselstrom) sowie Waschmaschine jeweils eigene Stromkreise benötigen, lassen sich Änderungsarbeiten kaum vermeiden. Wichtig ist auch die richtige Absicherung der jeweiligen Stromkreise. Bitte beachten Sie, dass Sie damit unbedingt einen konzessionierten Handwerker beauftragen müssen, wenn Sie Ihre Garantieansprüche nicht verlieren wollen! Nicht immer müssen aufwendige Stemmarbeiten durchgeführt werden. Je nach den räumlichen Gegebenheiten sind auch andere Lösungen denkbar:

Die Verlegung von Versorgungsleitungen hinter den Möbeln ist die Alternative zum Aufstemmen der Mauer

- Rund 50 cm tiefe Unterschränke werden mit einer 60-cm-Standardarbeitsplatte wandschlüssig abgedeckt. Dahinter bleibt Raum für Leitungen, Kabel und die Montage von Oberputzsteckdosen. Nachteil: weniger Stauraum.
- Ist der Küchenraum groß genug, können Sie nach dem gleichen Schema 58 cm tiefe Standardunterschränke nehmen und eine 65- oder 70-cm-Platte auflegen.
- Eine doppelte Nischenrückwand zwischen Unter- und Oberschränken lässt Platz für Kabel. Die Steckdosen werden in die Span- oder Gipsplattenwand eingepasst. Eine doppelte Wand für die Kabelverlegung können Sie auch im gesamten Küchenraum aufziehen.
- Bei Insellösungen, aber auch bei integrierten zweizeiligen Küchen ist die Errichtung eines hölzernen Podestes eine elegante Lösung. Darunter liegen die Versorgungsleitungen. Für den Wasserabfluss

sind Stemmarbeiten aufgrund des notwendigen Gefälles allerdings nicht zu vermeiden.

Geschirrspüler und Waschmaschine werden am besten in die Nähe der Spüle gestellt (der Geschirrspüler passt manchmal auch unter die Abtropffläche), um nicht mehrere Wasserauslässe installieren zu müssen. Verfügt der Zulaufschlauch Ihrer Waschmaschine oder Ihres Geschirrspülers nicht über eine Sicherheitseinrichtung („Waterstop", „Aqua-Stop"), ist es ratsam, den Wasserhahn nach Beendigung jedes Waschganges abzudrehen. In diesem Fall sollten Sie den Hahn oben bei der Spülenarmatur montieren lassen statt im Unterschrank.

Nicht vergessen dürfen Sie die gewünschte Position der Beleuchtungskörper für die Raum- und Arbeitsbeleuchtung (► Seite 36). Berücksichtigen Sie außerdem die Lage des Abluftschachtes für den Dunstabzug, wenn es sich nicht um ein Umluftgerät handelt, das die aufsteigenden Dünste nur filtert und die Luft wieder in die Küche bläst (► Seite 75). Für den Dunstabzug müssen Sie eine Steckdose in etwa zwei Meter Höhe vorsehen. Doppel- oder Dreifachsteckdosen machen im Bereich der Arbeitsflächen Sinn.

Vor allem dort, wo Kleingeräte ihren festen Platz haben, sind zusätzliche Steckdosen notwendig. Überlegen Sie schon bei der Planung, wo z.B. die Kaffee- und die Küchenmaschine stehen sollen. Eine Stromversorgung brauchen auch die meisten Rolloschränke (► Seite 42), in die sinnvollerweise bereits von den Herstellern Steckdosen integriert werden. Bitte beachten Sie: Viele Elektrogeräte sind schon ab Werk mit Kabeln

Verlegung hinter Schränken (oben) und doppelte Nischenrückwand (unten)

Kostenvoranschläge einholen

Bevor Sie eine Firma mit der Durchführung von Änderungs- und Installationsarbeiten beauftragen, sollten Sie mindestens zwei bis drei Kostenvoranschläge einholen (► Seite 113). Das ist auch dann ratsam, wenn Ihnen Ihr Küchenlieferant eine Firma nennt und anbietet, die Koordination der Handwerker zu übernehmen. Beachten Sie, dass manche Firmen für die Installation von Geräten, die nicht bei ihnen gekauft wurden, einen höheren Preis verrechnen als bei Eigengeräten.

Foto: Branislav Senic/shutterstock

und Steckern versehen und können daher auch von den Küchenmonteuren eingebaut werden. Für den Anschluss von Herdplatten, Gasherd, Backofen sowie für den Wasseranschluss von Spüle, Geschirrspüler und Waschmaschine benötigen Sie jedoch – nach Beendigung der Küchenmontage – konzessionierte Handwerker.

Die richtige Beleuchtung

Die Raumatmosphäre hängt von der Lichtqualität ab

Fenster und die verschiedensten Arten von Wand- und Deckenleuchten schaffen zwar eine angenehm wohnliche Atmosphäre im Küchenraum und sind für die Einnahme von Mahlzeiten ausreichend. Eine zusätzliche, gezielte Beleuchtung für Arbeitsplatte, Spüle und Herd ist jedoch unbedingt erforderlich. In Einbauküchen ist die Befestigung unter den Oberschränken am gängigsten, entweder hinter einer Blende versteckt oder leicht hervorstehend. Möglich ist aber auch die Montage direkt an der Wand oder auf einer eigenen Lichtleiste. Ort und Art der Befestigung sind nicht zuletzt dadurch bestimmt, ob die Leuchten selbst als optischer Blickfang dienen oder einfach ihren Zweck erfüllen sollen.

Bei Insellösungen hängt die Wahl der Beleuchtung davon ab, ob sich oberhalb der Insel ein Dunstabzug bzw. eine Deckenablage befindet oder ob der Raum bis zur Decke frei ist. In letzterem Fall empfehlen sich Deckenstrahler oder an der Decke montierte Lichtleisten. Günstig ist ein Abstand von rund einem Meter zwischen den einzelnen Lampen. In die meisten Dunstabzüge sind übrigens Lampen integriert, die auch unabhängig vom Gebläse verwendet werden können. Nachfolgend eine kurze Übersicht über die gängigen Beleuchtungsarten mit ihren spezifischen Vor- und Nachteilen.

Strom sparen durch Einzelschalter

Foto: Mariusz Szachowski/shutterstock

Wenn die Arbeitsplatzbeleuchtung einzeln ein- und ausgeschaltet werden kann, brennt sie immer nur dort, wo sie gerade gebraucht wird. Die Schalter können hinter der Lichtblende verschwinden. Ein zentraler Schalter beim Eingang zur Küche erübrigt sich dadurch freilich nicht.

Energiesparleuchten. Von der platzsparenden Kerzenform bis zum Einbauspot gibt es die verschiedensten Varianten. Energiesparleuchten haben eine längere Lebensdauer als die alten Glühlampen und verbrauchen weniger Strom.

Leuchtstoffröhren. Unterschiedliche Längen der altbekannten Röhrenform sowie kompaktere, meist U-förmige Ausführungen, die sich in herkömmliche Glühbirnenfassungen einschrauben lassen, sind erhältlich. Für Leuchtstoffröhren sprechen die lange Lebensdauer von rund 8.000 Stunden und der geringe Energieverbrauch. Unangenehm ist hingegen ihr grelles Licht, was einige Hersteller durch neuartige Farbmischungen auszugleichen versuchen. Außerdem gelten sie als unansehnlich, weshalb sie hinter Abdeckblenden verborgen werden. Nach längerem Betrieb kann ein störendes Flackern auftreten.

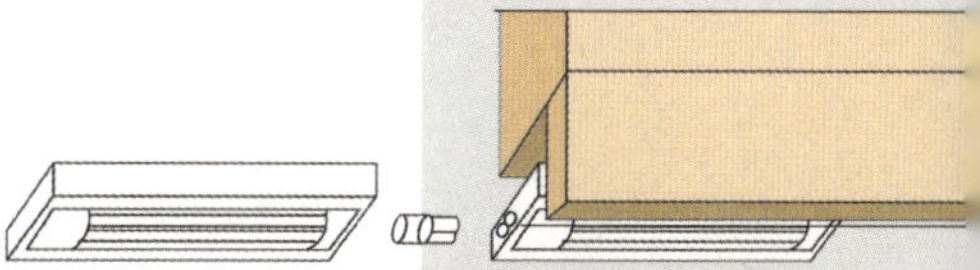

Flache Leuchtstoffröhren verschwinden hinter der Blende. Hier ein System, bei dem mehrere Leuchten aneinander gesteckt werden können, sodass eine einzige Stromquelle genügt

Halogenstrahler. Diese sehr kleinen Beleuchtungskörper sind leicht integrierbar. Ihr Licht ist hell und klar, sie halten viermal länger als Glühbirnen und verbrauchen zudem deutlich weniger Strom. Auf dem Markt wird eine Vielzahl von Halogenleuchten für die unterschiedlichsten Zwecke und in den verschiedenartigsten Designs angeboten. Sofern es sich nicht um Kaltlicht-Halogenlampen handelt, strahlen sie jedoch nach vorne eine intensive Hitze ab. Beachten Sie deshalb die vom Hersteller angegebenen Mindestabstände. Manche Halogenstrahler geben

Foto: yampi/shutterstock

Akzentuierte Gestaltung der Rückwand mit Halogen-oder LED-Beleuchtung

die Wärme auch über den Reflektor nach hinten ab, was beim Einbau in Oberböden und Baldachine zu berücksichtigen ist. Außerdem benötigen sie bei den modernen Niederspannungssystemen (12 Volt) einen Trafo, der manchmal in die Lampen integriert, meistens aber in einem eigenen Gehäuse untergebracht ist. In beiden Fällen benötigt der Trafo zusätzlichen Platz.

Leuchtdioden sind teurer, halten aber länger

LEDs. Diese neuartigen Lampen, auch Leuchtdioden genannt, haben den geringsten Stromverbrauch und gleichzeitig die längste Lebensdauer aller Lichtsysteme (50.000 bis 100.000 Betriebsstunden). Sie geben keine Wärme ab und spenden ein gleichmäßiges Licht. Der höhere Anschaffungspreis amortisiert sich über die längere Lebensdauer.

Anzahl, Positionierung und **Lichtstärke** der Beleuchtungskörper für die Arbeitsbereiche hängen nicht zuletzt von den Farben und damit vom Reflexionsverhalten der Materialien in Ihrer Küche ab. Besonders die Farbe der Nischenrückwand und der Arbeitsplatte ist entscheidend. Achten Sie bei der Anordnung der Leuchten darauf, dass das Licht Sie nicht direkt oder indirekt blendet und beim Arbeiten Ihr Körperschatten das Arbeitsfeld nicht verdunkelt. Grundsätzlich sollte vor allem die vordere Hälfte der Arbeitsplatte ausgeleuchtet sein, denn dort wird erfahrungsgemäß tatsächlich gearbeitet, während der hintere Bereich meist als Stellfläche dient.

Die Küchenbausteine

Foto: Wendy Kaveney Photography/shutterstock

Die Wahl ist keine Qual, wenn man die Funktionalität nicht aus den Augen verliert

Möbel

In den Schauräumen der Händler und in den Prospekten liegt der Schwerpunkt auf dem optischen Eindruck der einzelnen Küchenmodelle. Auf den folgenden Seiten finden Sie eine Übersicht über die Bausteine einer Küchenzeile und ihre Funktionalität.

Schränke

Die Vielfalt an Schranktypen und -maßen ermöglicht große Flexibilität

Das Grundgerüst jeder Küche bilden die Schränke, genauer gesagt: deren Korpusse, die mit den verschiedensten Bestandteilen wie Fachbrettern, Schubladen, Auszügen, Körben, Türen, Klappen und Rollläden bestückt werden oder Einbaugeräte in sich aufnehmen. Zur Typenvielfalt gesellt sich eine breite Palette an genormten Breiten und Höhen. Dadurch ist die Anpassungsfähigkeit an den vorgegebenen Raum von Haus aus groß.

Nachstehend finden Sie die gängigsten Maße für Einbau- und Modulküchen. Sie sind in erster Linie für die Unter- und Oberschränke repräsentativ. Allerdings haben nicht alle Hersteller sämtliche genannten Maße im Programm. Bei den anderen Möbeln gibt es häufig Höhenunterschiede, die sich jedoch im einstelligen Zentimeterbereich bewegen. Details können Sie den Prospekten entnehmen oder beim Küchenberater erfragen.

Nach anderen Systemen gehen die Anbieter von sogenannten Selbstbaumöbeln vor (► Seite 103). Bei ihnen ist zum Teil der zentimetergenaue Zuschnitt der einzelnen Elemente möglich.

Beachten Sie, dass es sich bei den angegebenen Werten jeweils um die **Außenmaße** handelt. Jede einzelne Seiten- und Rückwand sowie Bodenplatte nimmt dem Korpusinnenraum rund zwei Zentimeter.

Unterschränke

Die meisten namhaften Hersteller bieten heute 78 – 80 cm hohe Unterschränke an, wodurch der Stauraum maximal ausgenutzt wird. Die Sockelblende wird somit sehr niedrig gehalten. Addiert man die Dicke der

Arbeitsplatte und die Höhe des Sockels, erhält man die Arbeitshöhe in der Küche (► Seite 31). Ab einer Breite von 30 cm ist der Einbau von Schubladen und Auszügen möglich. Manche Hersteller haben auch das Maß von 105 cm im Programm, das z.B. für Spülenunterschränke Verwendung findet. Spülenunterschränke gibt es ab einer Breite von 45 cm, bei Herdunterschränken sind 60 und 90 cm Standard, bei jenen für Geschirrspüler 45 und 60 cm und bei jenen für Kühlgeräte 60 cm.

Zur Tiefe müssen Sie die zwei Zentimeter starke Front hinzurechnen. Neu sind Standardelemente mit 65,5 und vereinzelt mit 85,5 cm Tiefe. Als Sonderwunsch sind auch andere Tiefen möglich, z.B., wenn Sie hinter den Einbauten Kabel verlegen wollen (► Seite 34) oder wenn Sie den Herd oder den Backofen etwas in den Raum vorziehen möchten. In Kombination mit zwei links und rechts neben dem Herd aufgestellten Elementen mit abgeschrägten Fronten erhält diese Lösung eine trapezförmige Grundfläche.

Korpusmaße in cm

Höhen	65, 72, 78, 80
Breiten	15, 20, 25, 30, 35, 40, 45, 50, 55, 60, 70, 80, 90, 100, 110, 120
Tiefen	33, 46, 56, 66, 71,5, 78

Oberschränke

Mit einer Höhe von 24 cm sind nur einzelne Designelemente erhältlich, etwa Hängekästchen mit Klappe. Insofern beginnen die Standardmaße der Oberschränke bei 36 cm und setzen sich in 12-cm-Stufen bis 96 cm fort. Die Standardbreiten reichen von 25 bis 120 cm.

Zur Tiefe müssen Sie, wie bei den Unterschränken, die 2 cm starke Front hinzurechnen. Gängig sind 33 cm, auf Wunsch sind Schränke mit 46 cm Tiefe lieferbar. Diese Oberschränke sind allerdings für den Arbeitsbereich ungeeignet, da sie die Sicht und die Kopffreiheit stark einschränken. Außerdem sind die in der hinteren Reihe untergebrachten Dinge nur schwer zu erreichen.

Korpusmaße in cm

Höhen	(24), 36, 48, 60, 72, 84, 96
Breiten	25, 30, 35, 40, 45, 50, 55, 60, 70, 80, 90, 100, 110, 120 sowie vereinzelt 150, 180, 240, 360
Tiefen	33, (46)

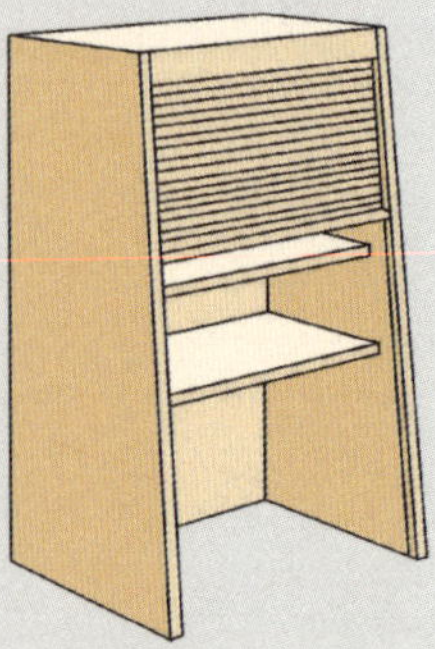

Rolloschränke sind praktisch, ansprechend, aber teuer

Foto: Zastol'skiy Victor Leonidovich/shutterstock

Ein großer Aufsatz-Rolloschrank bietet einfachen Zugriff auf Geschirr

Zu den Oberschränken zählen auch die Rolloschränke, die in den kleineren Ausführungen an die Wand gehängt oder in die Nische zwischen Arbeitsplatte und Oberschränken gestellt werden können. In großer Ausführung stehen sie als sogenannte **Aufsatzschränke** auf der Arbeitsplatte. Rolloschränke gibt es in den Standardbreiten 45, 60, 90 und 120 cm sowie in Höhen bis 156 cm, die Standardtiefen betragen 35, 48 und 58 cm. Je nach Tiefe ist also ausreichend Platz für die Kaffeemaschine oder sogar für eine Küchenmaschine, die im Rolloschrank griffbereit untergebracht werden kann. Die Fronten verlaufen entweder senkrecht oder pyramidenartig angeschrägt. Rolloschränke zählen allerdings zu den teuren Bestandteilen einer Küche.

Speziell für **Mikrowellengeräte** gibt es Oberschränke mit Breiten von 50 und 60 cm, sofern Sie die Mikrowelle nicht in einen Hochschrank integrieren können oder wollen.

Erwähnt werden müssen schließlich auch jene Elemente, die als Verkleidung für Motor und Abluftschlauch von **Dunstabzügen** dienen. Die einfachste Form, wie sie für die in die Lichtblende integrierten Flachschirmhauben (► Seite 75f.) verwendet wird, ist ein herkömmlicher Oberschrank mit weit nach vorne versetzter Rückwand, hinter der sich das Motorgehäuse verbirgt. Übrig bleibt eine nutzbare Tiefe von rund 10 cm. Ausgestattet mit Fachbrettern (Einlegeböden) können dort – offen oder hinter einer Tür versteckt – z.B. Gewürzgläser aufbewahrt werden, die damit beim Kochen stets griffbereit sind.

Hochschränke

Hochschränke dienen der Aufbewahrung von Lebensmitteln, aber auch von Staubsauger, Besen und Putzmitteln oder dem Geräteeinbau. Bei **Vorratsschränken** sind Höhen zwischen 185 und 228 cm (ohne Sockel)

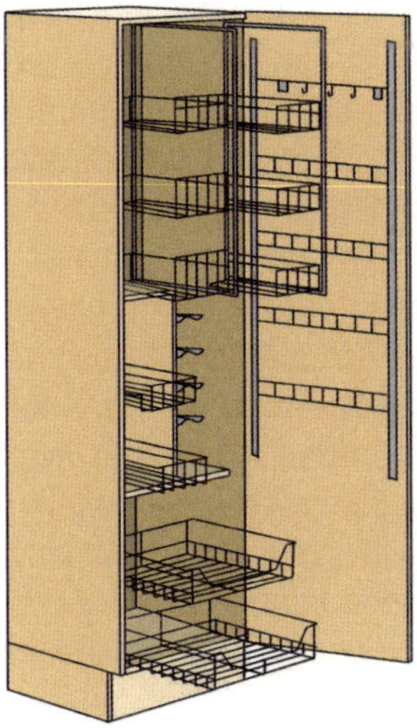

Apothekerschrank (links), Vorratsschrank (rechts)

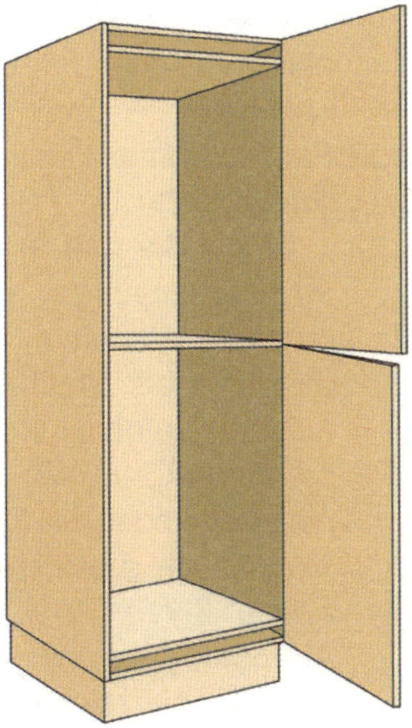

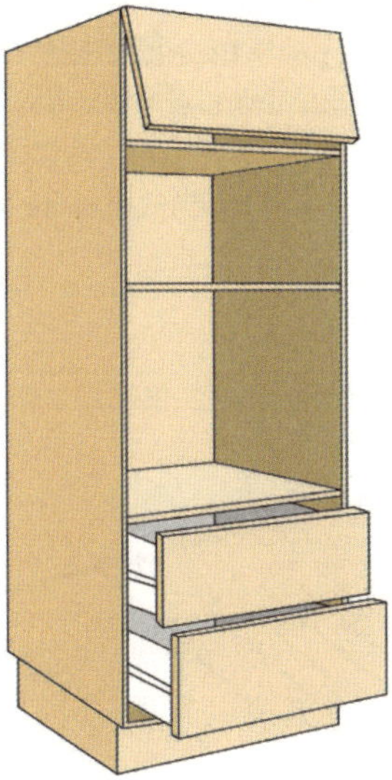

Hochschrank für Kühlgeräte (links), und für Backofen und Mikrowelle (rechts)

und Breiten von 30, 45 und 60 cm sowie – wenn auch etwas seltener – 70 und 90 cm gängig. Die Tiefe ist mit 55,5 cm üblicherweise auf das Maß der Unterschränke abgestimmt, es gibt sie aber auch in der Oberschranktiefe von 33 cm. Vorratsschränke können mit Türen, Innenauszügen und Schubladen ausgestattet oder als **Apothekerschrank** ausgeführt sein.

Bei den **Geräteschränken** ist eine Breite von 60 cm Standard, der dem Trend entsprechend um die Maße 76,2, 90 und 91,2 cm erweitert wurde. Auch hier sind Höhen ab 185 cm (ohne Sockel) üblich. Für hochgestellte Backöfen gibt es – sofern kein Mikrowellenofen oberhalb eingebaut werden soll – zusätzlich Maße um die 135 bzw. 145 cm. Mit einer Deckplatte versehen, entsteht auf diesen niedrigeren Schränken eine zusätzliche Stellfläche, die Sie z.B. für Kochbücher oder einen Obstkorb verwenden können. Dank der guten Isolierung der modernen Backöfen ist die Nutzung dieser Fläche unproblematisch.

Ecklösungen

Grundsätzlich gibt es bei L- und U-förmigen Küchengrundrissen zwei Möglichkeiten, eine Ecke zu gestalten: Die Unterschränke zweier Küchenzeilen können im rechten Winkel aufeinanderstoßen oder es wird ein eigener Eckschrank aufgestellt, der eine diagonale Verbindung zwischen den Zeilen herstellt. In der Regel hat jeder Küchenhersteller Unter- und Oberschränke für die Nutzung von Raumecken im Programm. Vereinzelt gibt es auch Hochschränke (Vorratsschränke) für diesen Zweck.

Bei 90-Grad-Lösungen muss man sich die Nutzung der Ecke gut überlegen

Wenn Sie sich für die 90-Grad-Lösung entscheiden, können Sie die Ecke als Stellfläche nutzen, einen Rolloschrank (► Seite 42) dort platzieren oder die Spüle so einbauen, dass sich das zweite Becken bzw. die Abtropffläche in der Ecke befindet. Ein Nachteil ist, dass in einem der Unterschränke zwangsläufig ein schwer zugänglicher Leerraum entsteht (Möglichkeiten zu dessen Nutzung ► Seite 48).

Bei der anderen Lösung, die mehr Raum in Anspruch nimmt, bietet sich die entstehende Fläche als Arbeitsbereich, für die Spüle, aber auch für den Herd an. Daneben sind natürlich individuelle Lösungen möglich. Selbst in einer zweizeiligen Küche lässt sich zumindest eine Ecke besser nutzen (Abbildung ► Seite 28).

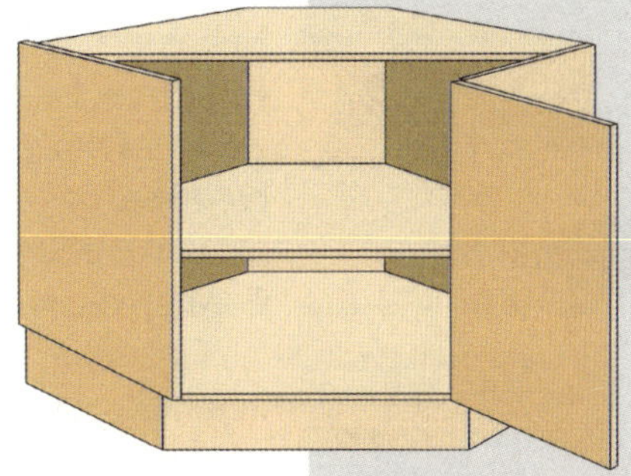

Spezielle Eckschränke sind die elegantere Lösung

Türen, Schubladen, Auszüge

Teuer ist an einem Küchenschrank nicht der Korpus, sondern die Ausstattung. Unabhängig vom Material besteht die preisgünstigste Lösung aus einer **Tür** (vor einem Elektrogerät maximal 70 cm, sonst 60 cm breit) als Frontabdeckung und **Fachbrettern** im Innenraum. Bei Spülenunterschränken werden die Fachbretter aus Platzgründen oft weggelassen. Praktischer und ergonomisch sinnvoller als die zwar höhenverstellbaren, aber sonst unbeweglichen Fachbretter sind **Innenauszüge**, sei es als Brett oder als Metallkorb.

Sockelhöhen

Die Höhe des Sockels ist abhängig von der Höhe der Unterschränke und der gewünschten Arbeitshöhe. Die Standardmaße sind 10, 15 und 20 cm. Ab einer Sockelhöhe von 15 cm kann der Raum zwischen Fußboden und Unterschränken für Sockelladen genutzt werden. Manche Küchenmodelle kommen allerdings ohne Sockelblenden aus. Bei ihnen sind die Sockelfüße besonders schön ausgeführt (etwa aus Aluminium) und dienen als optischer Blickfang. Der Raum darunter ist grundsätzlich nicht zur Nutzung gedacht. Bei Maßküchen können Sie zwar theoretisch gänzlich auf einen Sockel verzichten. Den fehlenden Fußraum empfinden jedoch viele als störend und ergonomisch ungünstig.

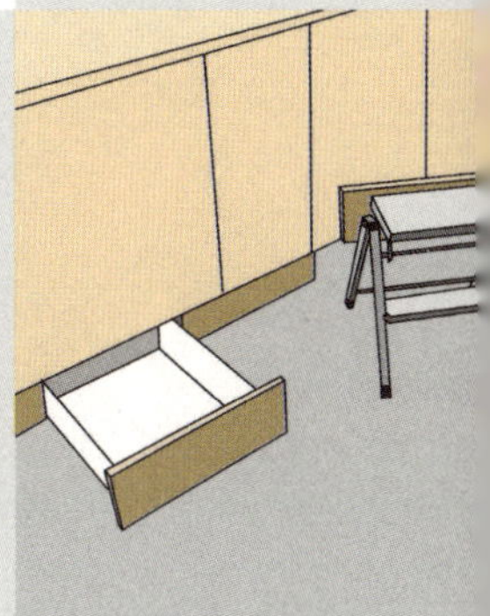

Glasschränke mit Hochschwenkfront als Blickfang

Unterschrank mit Schublade und Auszügen

Neben den herkömmlichen Schwingtüren führen manche Anbieter auch **Falttüren**, besonders für Oberschränke. Ihr Vorteil ist, dass sie nur halb so weit aufschwingen; ihr Nachteil, dass in geöffnetem Zustand die Zugriffsbreite auf das Schrankinnere geringer ist als bei Schwingtüren. Außerdem besteht die Gefahr, beim Entnehmen bzw. Hineinstellen von Geschirr oder Geräten die nach innen geklappte Fronthälfte zu zerkratzen.

Eine neue Entwicklung sind **Schwingklapptüren**, die sich in geöffnetem Zustand teilweise über den Oberschrank schieben. Der Schrank ist damit optimal zugänglich. Außerdem gibt es diese Schränke auch in extremen Breiten. Um das Handling zusätzlich zu erleichtern, sind Schwingklapptüren auch mit elektrischem Antrieb erhältlich.

Klappen, die im Handbetrieb nach oben aufschwingen, werden meistens an kleinen Oberschränken montiert. Sie dienen hauptsächlich als Designelemente. Oft werden sie auch verwendet, um den frei bleibenden Raum oberhalb eines Kühlgeräte-Hochschranks zu nutzen. Bei Unterschränken hingegen können sich hinter Klappen, die dann nach unten aufschwingen, die Müllbehälter (► Seite 48) verbergen: Ein Druck mit dem Knie gegen die Front, und die Klappe geht auf. Der spezielle Beschlag sorgt dafür, dass das Schließen ebenso einfach vonstatten geht. Der Vorteil ist, dass Sie die Griffe und Fronten nicht mit feuchten oder schmutzigen Händen anfassen müssen.

Anstelle von aufschwingenden Türen können Sie Schränke mit **Auszügen** wählen. Sie bieten einen Stauraum von der Höhe mehrerer Schubladen und gleiten sanft in den Korpus zurück, wenn man sie leicht anschubst. Auszüge sind wie Laden als komplette Wannen ausgeführt, die zusätzlich eine Reling, eine Metallseitenwand oder eine Glasseitenwand

Günstiger Kompromiss

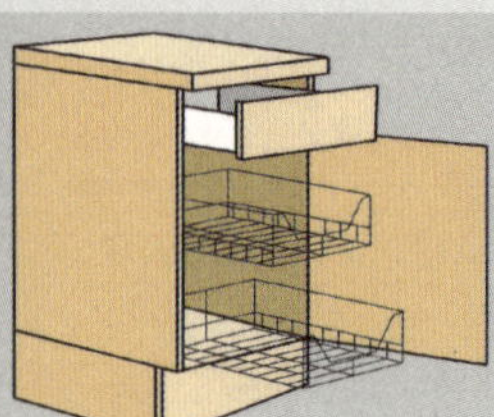

So praktisch und sinnvoll Auszüge vor allem im Arbeits- und Vorratsbereich auch sind – sie gehen ganz schön ins Geld. Ein praktikabler Kompromiss ist es, die Unterschränke mit Türen und Fachbrettern auszustatten, auf die Sie im Nachhinein gewöhnliche Kunststoffkörbe aus dem Supermarkt oder dem Haushaltswarengeschäft stellen. So haben Sie Essig und Öl oder die Backzutaten mit einem Griff zur Hand.

Schubladeneinsätze

Die Küchenhersteller haben für Schubladen passende Einsätze im Programm, die – zum Teil auf zwei Ebenen – die übersichtliche Unterbringung von Ess- und Kochbesteck, aber auch von Vorratsbehältern ermöglichen. Exklusive Ausführungen bestehen aus Massivholz (Nussbaum, Eiche, Buche, Ahorn) oder aus Metall bzw. Glas. Eine günstigere Variante sind vom Hersteller integrierte Ladeneinsätze aus Kunststoff mit fixer oder variabler Einteilung. Noch kostengünstiger ist es, wenn Sie Besteckeinsätze nachträglich im Supermarkt oder im Haushaltswarengeschäft kaufen. Sie müssen jedoch damit rechnen, dass diese Einsätze den Raum in der Lade nicht optimal nutzen.

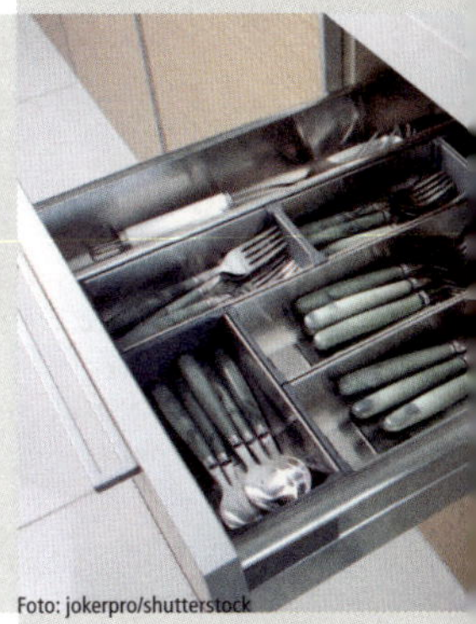
Foto: jokerpro/shutterstock

erhalten. In den Auszügen sind Töpfe ebenso gut aufgehoben wie Vorratsbehälter. Die Palette an unterschiedlichen Ausführungen ist groß. Manche fügen sich so in die Küchenzeile ein, dass hinter der türgroßen Front niemand einen Auszug vermutet. Ein 60 cm breiter Korpus mit einer Schublade und zwei Auszügen kostet allerdings fast doppelt so viel wie der gleiche Korpus mit Tür und Fachbrettern.

Schubladen, so zeigt die Erfahrung, kann man in der Küche übrigens nie genug haben. Vier bis fünf Stück sind das Minimum. Alle kleineren losen Teile finden darin ihren Platz, vom Koch- und Essbesteck über den Flaschenöffner bis zum Serviettenvorrat. Laden und Auszüge gibt es mit gedämpften Selbsteinzügen oder sogar mit elektrischem Antrieb. Bei guten Herstellern ist ein Vollauszug selbstverständlich: Schubladen und Auszüge lassen sich bis zur Rückwand herausziehen, ohne herauszufallen. Auch die weiter hinten befindlichen Gegenstände lassen sich so bequem entnehmen und zurücklegen.

Schubladen sind so praktisch, dass man nie genug davon haben kann

Detaillösungen

Wenige können es sich platzmäßig leisten, die Küchenmöbel nicht bis in die hinterste Ecke zu nutzen. Die Küchenanbieter haben zu diesem Zweck eine Vielzahl von Lösungsmöglichkeiten entwickelt. Hier die wichtigsten:

In Eckunterschränken sind Topfkarusselle wesentlich praktischer als Fachbretter

Topfkarusselle

Topfkarusselle (Drehkarusselle) gibt es in unterschiedlichen Konstruktionsarten. Eine davon ist für Eckunterschränke gedacht, wo die Montage von Auszügen nicht möglich ist: Zwei runde, drehbare Metall- oder Kunststoffkörbe sind übereinander an einer Stange montiert. So können Sie die gewünschten Töpfe entnehmen, ohne dass Sie – wie es bei einem fest montierten Fachbrett der Fall wäre – umständlich nach hinten durchgreifen müssen. Die Körbe verkleinern allerdings die nutzbare Stellfläche.

Das **Halbkarussell** kommt dort zum Einsatz, wo in der Ecke zwei Unterschränke rechtwinkelig aufeinanderstoßen: Es besteht aus zwei halbkreisförmigen Metall- oder Kunststoffkörben, die beim Öffnen der Türe herausschwingen.

Drehauszüge

Foto: Ewe Küchen

Drehauszug

Auch der Drehauszug (von manchen Herstellern unter der Bezeichnung „Magic Corner" oder „Vario Corner" angeboten) ist für 90-Grad-Lösungen gedacht. Hier sind rechteckige Metallkörbe hintereinander gereiht. Zusammen mit der Front ziehen Sie die vorderen Körbe heraus und die hinteren Körbe gleiten aus der „toten Ecke" nach vorne. Eine neue Lösung ist das „LeMans-Ecksystem", bei dem sich zwei bis drei nierenförmige Drehteller komplett aus dem Schrank herausdrehen.

Mülltrennsysteme

Große, frei stehende Treteimer sind immer noch eine praktische Lösung – noch dazu, wo es sie in vielen, durchaus ansprechenden Designs gibt. Allerdings brauchen sie einen geeigneten Aufstellungsort, am besten in der Nähe des Hauptarbeitsbereiches. Zudem ist in Zeiten der Mülltrennung ein einzelner Abfalleimer längst nicht mehr genug.

Das Angebot an zweifach, dreifach, vierfach oder fünffach unterteilten Mülltrennsystemen ist relativ groß. Die einzelnen Teile sind rechteckig, quadratisch, kreis- oder halbkreisförmig angeordnet und verbergen sich hinter Türen, Klappen oder Auszügen. Sind sie mit der Front verbunden, so schwingen oder gleiten sie beim Öffnen automatisch heraus. Sonst

Foto: Ewe Küchen

Getrennt sammeln

Wenn Sie kein geeignetes mehrteiliges Mülltrennsystem für Ihren Bedarf finden, ist es sinnvoller, wenn Sie sich auf Bio- und Restmüll beschränken. Die restlichen „Wertstoffe" können Sie an anderer geeigneter Stelle (auch außerhalb der Küche) in Plastikkörben, Kartons, Papiersäcken usw. sammeln.

müssen Sie sie selbst herausziehen. Es besteht aber genauso die Möglichkeit, das Mülltrennsystem nicht auf Schienen zu montieren, sondern einfach in einen Unterschrank hineinzustellen. Zusätzlich zu den oben erwähnten Versionen gibt es für diesen Zweck flache, stapelbare Behälter, deren Öffnungen seitlich liegen.

Ein „klassischer", weil praktischer Ort für die Unterbringung von Mülleimern ist der Spülenunterschrank. Bei den vergleichsweise großen Trennsystemen müssen Sie allerdings zuvor abklären, ob die Wasseranschlüsse und vor allem die Abflussrohre genügend Raum dafür lassen. Besonders dann, wenn Sie den Geschirrspüler unter der Abtropffläche stehen haben, wird es unter dem Becken knapp werden.

Spezielle Behälter für organische Abfälle (Biomüll) lassen sich in die Arbeitsfläche integrieren. Sie werden von oben bedient, was etwa beim Schälen von Obst und Gemüse sehr praktisch ist. Von außen ist nur der flächenbündige Deckel zu sehen, der Behälter hängt unter der Arbeitsfläche. Manche Spülen verfügen über einen eigenen Abwurfschacht, unter dem gleichfalls ein Behälter hängt.

Berücksichtigen Sie bei der Auswahl eines Mülltrennsystems Ihre Gewohnheiten

Bei der Auswahl eines Mülltrennsystems sollten Sie aber nicht nur auf die Gegebenheiten Ihrer Küche Rücksicht nehmen, sondern auch auf Ihre Gewohnheiten: Wie viel Restmüll, Biomüll, Kunststoff, Metall, Papier, Glas usw. fällt bei Ihnen an? Wie weit entfernt liegt die nächste kommunale Sammelstelle? Wie oft gehen oder fahren Sie dort vorbei? Viele der angebotenen Trennsysteme erweisen sich als wenig praxistauglich, weil die Behälter schlicht und einfach zu klein sind. Wenn – überspitzt gesagt – nicht mehr als drei Konservendosen und zwei Marmeladegläser hineinpassen, ist eine Anschaffung sinnlos. In diesem Fall bleibt Ihnen das Aufstellen weiterer, größerer Behälter in der Wohnung bzw. im Haus nicht erspart, damit Sie die Sammelstelle nicht zu häufig aufsuchen müssen.

Spülenunterschränke

Sie können auch anderes aufnehmen als die vorher erwähnten Mülltrennsysteme. Ohne Innenausstattung oder mit einem Fachbrett bleibt viel Platz für Spül- und Reinigungsmittel. Bitte beachten Sie dazu den Abschnitt zum Thema Kindersicherheit (► Seite 54). Für mehr Ordnung sorgen ausziehbare Körbe. Natürlich können Sie auch hier improvisieren und selbst (stapelbare) Körbe kaufen.

Ausziehtische

Für kleine Küchen ideal: ein Ausziehtisch

Als zusätzlicher Arbeits- und als Essplatz kann eine ausziehbare Platte dienen. Sie kann als Verlängerung der Arbeitsplatte gestaltet sein oder sich hinter einer Schubladenfront verbergen. Ihre Länge ist nicht zwingend auf die Schranktiefe beschränkt, denn manche Hersteller erreichen durch Teilung der Platte beachtliche 82 cm Tiefe. Diese Version eignet sich gut für kleine Räume.

Allesschneider und Küchenmaschinen

Eigentlich gehören Küchenmaschinen und Allesschneider (oder Brotschneidemaschinen) in den Abschnitt Kleingeräte (► Seite 76ff.). Die Küchenanbieter haben aber Lösungen im Programm, bei denen die Geräte in Ober- oder Unterschränken verstaut sind und bei Bedarf mit speziellen Schwenkarmen hinunter- bzw. hochgeklappt werden. Zwar sind diese Lösungen optisch sauber und halten die Stellflächen frei, sie beanspruchen aber viel Stauraum. Die zusammenklappbare Schubladenversion benötigt noch am wenigsten Platz.

Nischennutzung

Erfahrungsgemäß werden die verschiedenen Tätigkeiten nur auf der vorderen Hälfte der Arbeitsfläche durchgeführt. Abgesehen von der Verwendung der hinteren Hälfte als Stellfläche gibt es noch andere Möglichkeiten, die Nische zwischen Arbeitsfläche und Oberschränken zu nutzen: kleine Rolloschränke, Regale und Borde (z.B. für Gewürze), Relings (für das Aufhängen von Kochbesteck sowie für Flaschen- oder Kochbuchhalterungen) oder nostalgische Schütten für Zucker, Salz usw. Bei tieferen Arbeitsplatten werden heute sehr praktische Nischenlösungen angeboten, bei denen beispielsweise Kleingeräte hinter Schiebetüren verschwinden.

Foto: roseburn3Dstudio/shutterstock

Die Nische lässt sich mit Schienen- oder Relingsystemen vielfältig nutzen

Handtuchhalter und Gewürzauszüge

Beide befinden sich in Unterschränken ab 15 cm Breite oder unter der Arbeitsplatte und sind als Ergänzung zu Spüle und Herd gedacht. Der Gewürzauszug ist nichts anderes als die Miniaturausgabe eines Apothekerschranks (► Seite 43). Auch der Handtuch- oder Geschirrtuchhalter läuft auf Schienen und verschwindet bei Nichtverwendung im Schrank. In der Ausführung mit abgeschrägter Front werden diese beiden Unterschränke häufig links und rechts neben einem vorgezogenen Herd platziert.

Deckenablagen

Eine von der Decke hängende Ablage oberhalb einer Arbeitsinsel – eventuell mit integrierten Leuchten – dient als Blickfang und ersetzt die dort fehlenden Oberschränke. Es gibt Deckenablagen in Glas- oder Holzausführung. Beide sind mit hohen Anschaffungskosten verbunden.

Mehr als nur ein Blickfang: Deckenablagen

Foto: Adrin Shamsudin/shutterstock

Qualität erkennen

Eingehende Prüfungen von Material und Verarbeitung sind den einschlägigen Prüfinstituten vorbehalten. Wenn Sie einen Schauraum aufsuchen, können Sie jedoch auch als Kunde das Qualitätsniveau einer Küche einschätzen. Schauen Sie vor allem hinter die glänzenden Fassaden! Achten Sie dabei auf die nachstehenden Merkmale.

Kanten

Sämtliche innen und außen befindlichen Kanten sind sauber ausgeführt und weisen keine Fugen auf. Für eine hohe Qualität sprechen abgerundete oder schräge Kanten. Billighersteller bringen am Korpus nach wie vor einfache Bügelkanten an, die sich im Lauf der Jahre ablösen können. Bei guten Herstellern sind sogenannte ABS-Kanten Standard. Sie sind dicker, leicht gerundet und können sich praktisch nicht lösen. Tophersteller bieten zusätzliche Dichtungen an den Korpuskanten, die das Innere der Schränke staub- und insektenfrei halten.

Korpus

Je nach Preisklasse gibt es beim Korpusmaterial unterschiedliche Ausführungen. Bei guten Herstellern ist es üblich, ausschließlich Spanplatten der Güteklasse E1 zu verwenden. Darüber hinaus gibt es den Korpus aus schichtverleimtem Multiplex-Massivholz sowie bei Spitzenherstellern aus Aluminium oder Glas. Vorteil dieser Luxusvarianten: Sie sind vollkommen feuchtigkeitsresistent.

Fachbretter

Die Einlegeböden sind auf allen sechs Flächen beschichtet. In exklusiveren Küchen ist die Vorderkante mit einer sehr widerstandsfähigen, mehrere Millimeter starken Hartkunststoffkante statt mit einer herkömmlichen Bügelkante ausgestattet. Auch bei stärkerer Belastung (mit der Hand prüfen!) geben die Fachbretter nur minimal nach. Sie sind mehrfach in der Höhe verstellbar, die Halterungen sind stabil und aus Metall oder einem geeigneten Kunststoff.

Schubladenführungen

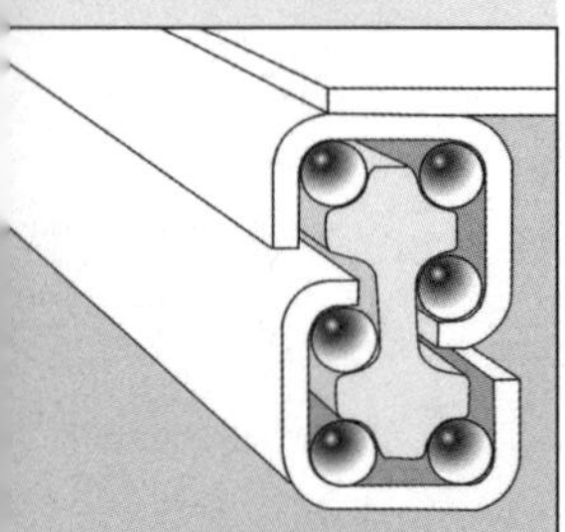
Auf Kugeln gelagerte Schienen garantieren ein sanftes Gleiten der Schubladen

Schubladen und Auszüge verfügen über Vollauszug und sind leichtgängig – auch dann, wenn Sie (bei breiteren Auszügen) zum Öffnen und Schließen von zwei montierten Griffen nur einen benutzen oder beispielsweise mit nur zwei Fingern am linken oder rechten Rand der Front anschieben. Sie sind gegen unbeabsichtigtes Herausfallen gesichert, lassen sich aber mit einfachen Handgriffen herausnehmen und wieder einsetzen. Der Boden der Laden und Auszüge ist glatt und daher leicht zu reinigen. Die Belastbarkeit der Schubladenführungen ist auf die Größe der Lade bzw. des

Auszugs abgestimmt. Bei Markenküchen ist bei bestimmungsgemäßem Gebrauch eine Überlastung praktisch nicht möglich.

Scharniere

Die Scharniere von Türen und Klappen bestehen komplett aus Metall und sind mit Schrauben an Front und Korpus befestigt. Sie haben einen Öffnungswinkel von 100 oder mehr Grad und lassen sich seitlich sowie in der Höhe und Tiefe verstellen. Bei höherwertigen Küchen lässt sich der Bewegungsarm des Scharniers mit einfachen Handgriffen von der Montageplatte lösen und wieder einhängen. Die Verbindung zwischen Bewegungsarm und Topf ist stabil. Bei guten Herstellern sind Einzugsdämpfungen heute Standard. Sie ermöglichen ein leises und sanftes Schließen der Türen.

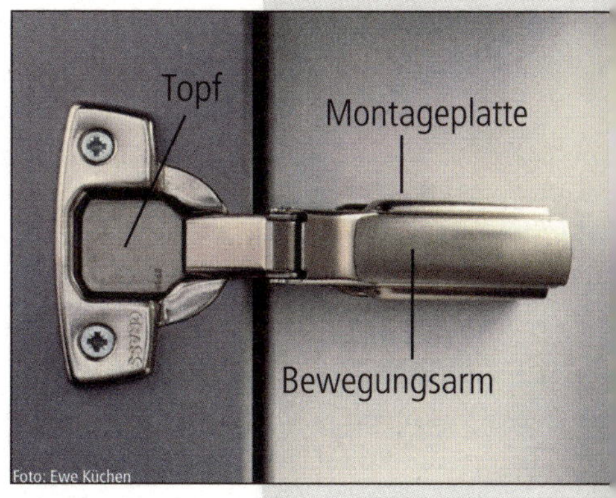

Aufhängungen

Die Aufhängungen der Oberschränke sind im Innenraum nur anhand zweier unscheinbarer Kunststoff-Abdeckungsplättchen an der Rückwand zu erkennen. Sie sind üblicherweise in zwei Richtungen verstellbar. Auch hier besteht bei bestimmungsgemäßem Gebrauch der Oberschränke keine Gefahr der Überlastung. Beachten müssen Sie hingegen unbedingt die Beschaffenheit und Tragfähigkeit der Wand!

Sockelleisten

Sie sind leicht abnehmbar und wieder zu befestigen. Die Unterkante ist mit einer Dichtung versehen, die den Spalt zwischen Sockelleiste und Fußboden schließt. Bei guten Herstellern wird heute keine aufgesetzte, von außen sichtbare Kunststoffleiste, sondern eine von unten eingenutete, von außen nicht sichtbare Wulstdichtung eingesetzt. Tophersteller bieten darüber wasserfest verleimte Sockelblenden bzw. Sockelblenden aus massivem Aluminium an. Die zu Sockelladen weisenden Kanten der Sockelleiste sind furniert.

Manche Hersteller lassen ihre Produkte von unabhängigen Prüfinstituten testen. Diese vergeben dann Gütezeichen (in Deutschland das RAL-Gütezeichen der Deutschen Gütegemeinschaft Möbel in Form des **goldenen „M"**; in Österreich das **AUSTRIA-GÜTEZEICHEN** der Österreichischen Arbeitsgemeinschaft zur Förderung der Qualität). Die meisten Hersteller haben jedoch aus Kostengründen eigene Prüfeinrichtungen. Diese legen aber die gleichen strengen Maßstäbe an, sodass Sie bei Markenküchen sicher sein können, hohe Qualität zu kaufen. Das Gesagte gilt nicht für Küchenblöcke (► Seite 15), Tischlerküchen (► Seite 103) und Küchen von Selbstbaumöbel-Anbietern (► Seite 103).

Kindersichere Küche

Foto: Ewe Küchen

So wichtig positive wie negative Erfahrungen für die Entwicklung eines Kindes auch sind: In manchen Bereichen ist Vorbeugen angesagt.

In der Küche gilt dies vor allem für Spül- und Reinigungsmittel, für den Herd und für das Besteck. Einzelne Hersteller führen Unterschränke mit integrierten **Schubladen- und Schranksicherungen**. Im Handel (oft auch in Möbelhäusern) sind solche Produkte zum nachträglichen Einbau erhältlich. Putzmittel können Sie aber auch ganz einfach an einem höher gelegenen Ort unterbringen.

Herdschutzgitter, die den Zugriff auf heiße Kochstellen versperren, werden im Handel ebenfalls angeboten bzw. von einigen Küchen- oder Geräteherstellern auf Wunsch mitgeliefert. Abzuraten ist von Ausführungen, die nur mit Saugnäpfen befestigt werden; sie sollten schon an der Arbeitsplatte angeschraubt werden. Grundsätzlich gewöhnen Sie sich am besten an, die Stiele von Pfannen auf der Kochmulde nach hinten zu drehen.

Foto: Ewe Küchen

Kindersicherungen gibt es auch bei verschiedenen **Elektrogeräten**. Als Beispiele seien Kochmulden, Backofentüren, Allesschneider und Gefrierschränke genannt, die sich erst nach Drücken einer oder mehrerer Tasten öffnen bzw. bedienen lassen, versenkbare Regler bei Kochplatten-Schaltkästen, Backbleche mit einer Sperre, die ein Herausfallen verhindert, und Mikrowellengeräte, die nur bei geschlossener Tür funktionieren. (Der Kochplatten-Schaltkasten muss im Übrigen nicht zwingend in die

Frontseite eingebaut werden, sondern kann auch auf der Arbeitsfläche oder in einem Oberschrank seinen Platz finden.) Manche Mulden verfügen über Kochfelder, die sich nur dann aufheizen, wenn sich ein Topf auf ihnen befindet, der noch dazu in der Mitte des Kochfeldes stehen muss. Wichtig ist, jene Sicherheitseinrichtungen, die man extra aktivieren muss, auch konsequent zu verwenden.

Backofentüren dürfen laut Vorschrift bis zu 85 Grad Celsius heiß werden. Ein hochgestellter Backofen kann Verbrennungen – zumindest bei kleinen Kindern – verhindern. Manche Ofentüren sind auch so konstruiert, dass das Sichtfenster bei Betrieb deutlich kühler bleibt, sodass keine Verbrennungsgefahr besteht.

Wenn Sie Ihren Sprösslingen eigenes, **kindersicheres Kochgeschirr** und Besteck zum Spielen überlassen, ist die Gefahr geringer, dass sie sich an den Sachen der Erwachsenen vergreifen. Bewährt hat es sich auch, den Kindern eine mit ungefährlichen Dingen gefüllte Schublade oder einen Auszug in der Küche zur Verfügung zu stellen.

Geräte

Die einzelnen Bestandteile einer Küche können sehr einfach gehalten sein oder mit intelligenten Detaillösungen die Arbeit in der Küche vereinfachen und beschleunigen.

Spülbecken

Die Spüle ist neben der Arbeitsplatte der am intensivsten genutzte Bereich in der Küche – selbst dann, wenn ein Geschirrspüler vorhanden ist. Hier wird Geschirr gespült, Gemüse geputzt, Kochwasser abgeleert, hier werden Reste von Kaffee oder Tee entsorgt und vieles mehr. Dementsprechend strapazierfähig, farbbeständig und pflegeleicht sollte das Material der Spüle sein. Die praktischste und optisch schönste Lösung ist der flächenbündige Einbau der Spüle in die Arbeitsplatte. Das setzt allerdings eine dafür geeignete Spüle voraus. Diese wird entweder von

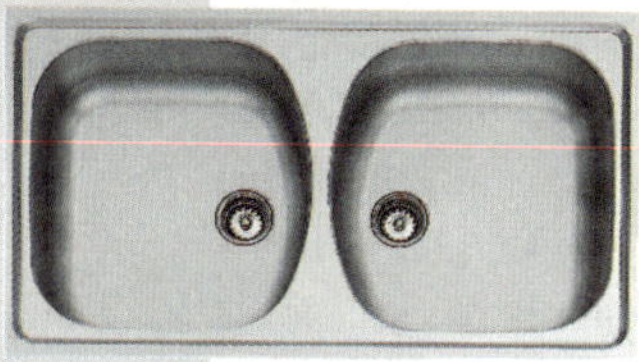

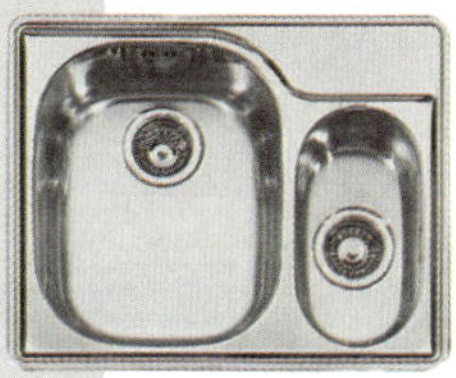

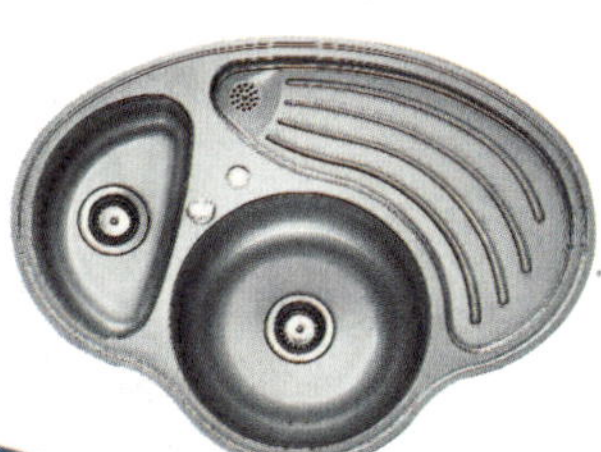

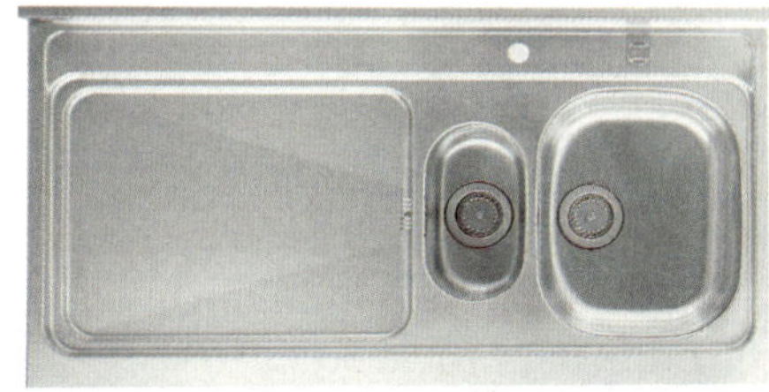

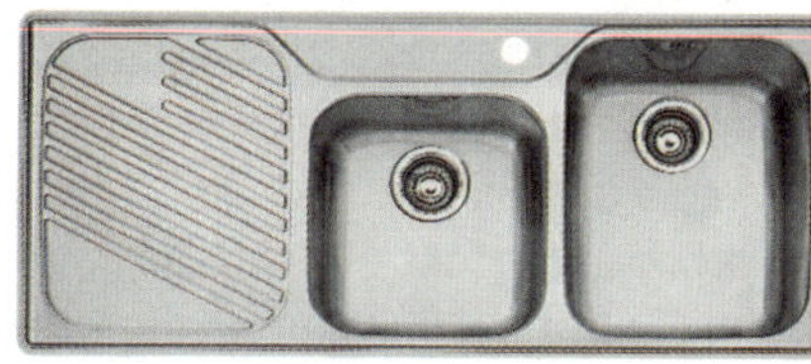

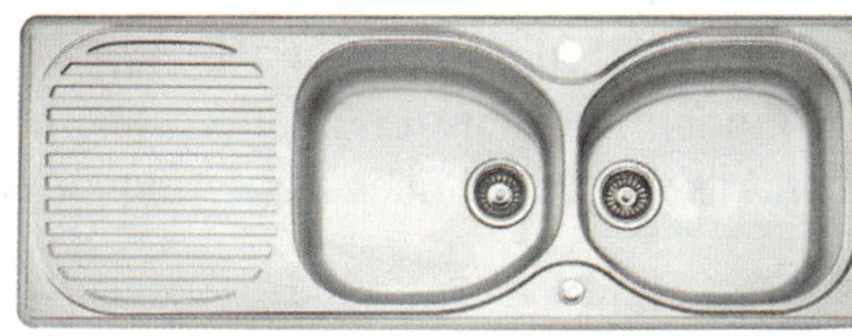

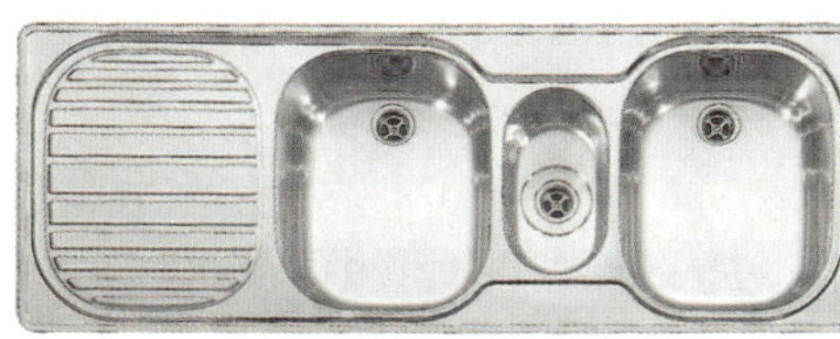

Groß ist nicht nur die Material-, sondern auch die Formenvielfalt

Fotos: Franke GesmbH

oben oder – wie beispielsweise bei Arbeitsplatten aus Granit – von unten eingesetzt. Der Trend geht heute zu flächenbündigen und von unten eingebauten Spülbecken. Diese fugenlose Einbauart verhindert das Absetzen von Schmutz.

Email

Ein schon traditionelles Material, dessen Oberfläche aus geschmolzenem „Glas" hitzebeständig ist und sich nicht verfärbt. Email ist allerdings nicht besonders widerstandsfähig gegen Kratzer, und noch größer ist die Gefahr des Absplitterns bei unsanften Berührungen mit harten Gegenständen wie Besteck oder Töpfen.

Edelstahl (Nirosta)

Die sehr robusten Nirosta-Spülen zählen gleichfalls zu den „Klassikern" der Küchenausstattung. Wie bei den Arbeitsplatten besteht jedoch das Problem, dass nicht weggewischte Wassertropfen unschöne Kalkränder hinterlassen, herabfallende schwere Gegenstände Dellen verursachen und das Material nicht kratzfest ist. Die Schrammen fallen bei matten oder leicht strukturierten Oberflächen nicht so sehr auf.

Kunststoff

Der Oberbegriff Kunststoff steht für Spülen in den unterschiedlichsten Farben und Formen aus den verschiedensten Materialkombinationen. Häufig wird etwa Acryl in Verbindung mit Naturmaterialien wie Granit verwendet. Im Vergleich mit anderen Spülen haben diese jedoch einige entscheidende Nachteile: Sie sind nur begrenzt hitzebeständig. Während heiße Töpfe noch kein Problem darstellen, sollten Sie das Abstellen von Bratpfannen vermeiden. Vor allem helle Kunststoffspülen bekommen leicht bleibende Verfärbungen durch Kaffee- und Teeflecken. Außerdem sind nicht alle Kunststoffe ausreichend kratzfest. Im Gegensatz zu Email sind sie aber durchgefärbt, sodass die Kratzer oder Stoßstellen weniger auffallen. Strapazierfähigkeit und Beständigkeit sind auch eine Frage des Preises.

Auf dem durchgefärbten Kunststoff fallen Kratzer weniger auf

Corian

Extreme Robustheit und beliebige Formbarkeit zeichnen dieses vergleichsweise neue Material aus. Besteht auch die Arbeitsplatte aus Corian (► Seite 90), kann die Spüle flächenbündig und fugenlos eingebaut werden. Der Preis für die vielen Vorteile ist allerdings hoch.

Keramik

Keramik- und Granitspülen sind äußerst robust

Auch Keramikspülen sind sehr strapazierfähig, kratz-, hitze- und fleckenbeständig. Herabfallende schwere Gegenstände können allerdings die Oberfläche irreparabel beschädigen. Außerdem sind die Kanten von Keramikspülen produktionsbedingt nicht ganz so perfekt ausgeführt wie bei den anderen Materialien. Da die harte Oberfläche nicht nachgibt, kann unsanft abgestelltes Geschirr oder Glas leicht zu Bruch gehen.

Granit

Bei den neuen Granit-Spülbecken wird echter Stein zerrieben und gemahlen, mit speziellen Klebstoffen verbunden und formgepresst. Das Material ist unempfindlich und äußerst robust.

Spülen werden in den unterschiedlichsten Formen, Größen und Ausstattungsvarianten angeboten, beginnend mit Mini-Ausführungen, die in nur 45 cm breite Unterschränke passen und sogar über eine Abtropffläche verfügen. Sinnvoll ist eine solche Abtropffläche für nasses Geschirr auf jeden Fall. Auch wenn Sie einen Geschirrspüler besitzen, bleibt genügend übrig, was nicht spülmaschinenfest oder für die Maschine zu groß ist. Anstelle der Abtropffläche – oder auch zusätzlich – können Sie eine Spüle mit einem zweiten Becken wählen. Dadurch müssen Sie nicht unter fließendem Warmwasser abwaschen, sondern können eines der Becken mit Spülmittellauge füllen. Korbeinsätze schonen das zweite Becken vor Kratzern, auflegbare (Holz-)Bretter verwandeln es in eine zusätzliche Arbeitsfläche. Auch ein kleiner separater Resteausguss erleichtert die Arbeit. Für ihn gibt es Kunststoffeinsätze, in denen Sie z.B. beim Gemüseputzen den für den Biomülleimer bestimmten Abfall sammeln können.

Armaturen

Wegen der einfachen Bedienung empfehlen sich für die Küche grundsätzlich Mischbatterien (Einhandmischer). Sie werden verchromt und in verschiedenen – allerdings schlagempfindlichen – Lackierungen angeboten. Einige Modelle haben zwecks größerer Flexibilität abnehmbare Brauseköpfe mit Schlauch. Preislich günstiger ist es jedoch, wenn Sie nachträglich (z.B. in einem Baumarkt) einen aufschraubbaren Brausekopf kaufen. Da die Richtung des Strahls verstellbar ist, erreichen Sie damit praktisch jeden Winkel des Spülbeckens. Spezielle versenkbare oder wegklappbare Mischbatterien sind für Spülen gedacht, die direkt unter einem zu öffnenden Fenster liegen.

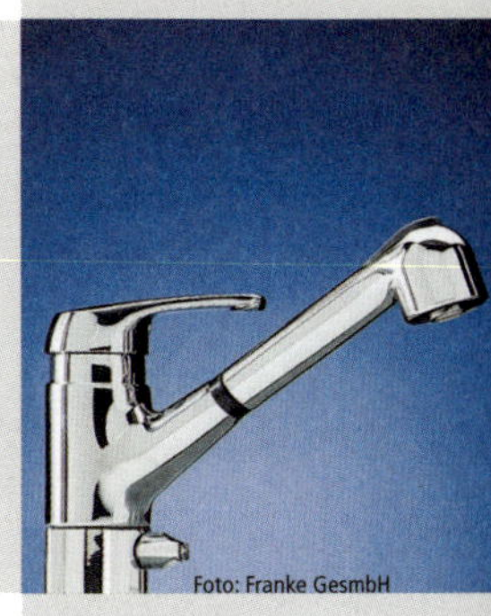
Foto: Franke GesmbH

Geschirrspülmaschinen

Moderne Geschirrspüler gehen mit Wasser und Strom sparsam um

Maschinelles Spülen ist bequemer, hygienischer, wassersparender und weniger energieaufwendig als das Abwaschen mit der Hand. Zusätzlich zum Reinigungsmittel werden Regeneriersalz für die integrierte Wasserenthärtungsanlage sowie Klarspüler gegen Wasserflecken auf dem Geschirr angeboten.

Regeneriersalz ist jedoch erst ab einer Wasserhärte von sieben Grad deutscher Härte notwendig. Bei Unsicherheiten sollten Sie mit dem Kundendienst des Herstellers Rücksprache halten. Auskünfte über die Wasserhärte in Ihrer Wohngegend erteilt das zuständige Wasserwerk.

Klarspüler verwenden Sie am besten nur dann, wenn das Spülergebnis nicht zufriedenstellend ist, das heißt, wenn Flecken auf den Gläsern zurückbleiben. Dies ist einerseits von der Wasserhärte, andererseits vom Gerät abhängig.

Übrigens eignet sich nicht jedes Geschirr und Besteck fürs maschinelle Spülen. Achten Sie auf die entsprechenden Herstellerhinweise auf dem Geschirr, der Verpackung oder einem Beipackzettel. Sie können sich auch beim Kauf schriftlich bestätigen lassen, dass die Ware **„spülmaschinenecht"** ist.

Beachten Sie ferner, dass Geschirrspüler zwar leiser als Waschmaschinen, aber dennoch hörbar sind, was vor allem in Wohnküchen störend wirken kann. Wenn Sie auf ein besonders leise arbeitendes Gerät

Wert legen, sollten Sie sich diese Eigenschaft gleichfalls schriftlich beim Kauf bestätigen lassen.

Manche Geräte sind **voll integrierbar**: Ihre Bedienelemente befinden sich innen auf der Oberseite der Klappe und sind von außen nicht sichtbar. Außerdem werden Geschirrspüler angeboten, die – ergonomisch günstig – um etwa 30 cm erhöht in einem Hochschrank untergebracht werden können.

Zu den Gründen, die für ein **45 cm** breites Gerät sprechen, zählt nicht nur die Platzersparnis: Haushalte bis zu drei Personen tun sich meist schwer, einen großen Geschirrspüler innerhalb eines Tages zu füllen. Viele Geschirrteile werden aber bereits am nächsten Morgen wieder benötigt. Läuft das Gerät nur teilweise beladen, wird Energie und Wasser verschwendet. Auch Spezialfunktionen wie Kurz-, Schon- und Sparprogramme oder Oberkorbspülen sind in diesem Zusammenhang nur Notlösungen. Für den Dauereinsatz eignen sie sich nicht, weil sie den Wasser- und Energieverbrauch keineswegs halbieren. Kurz-, Schon- oder

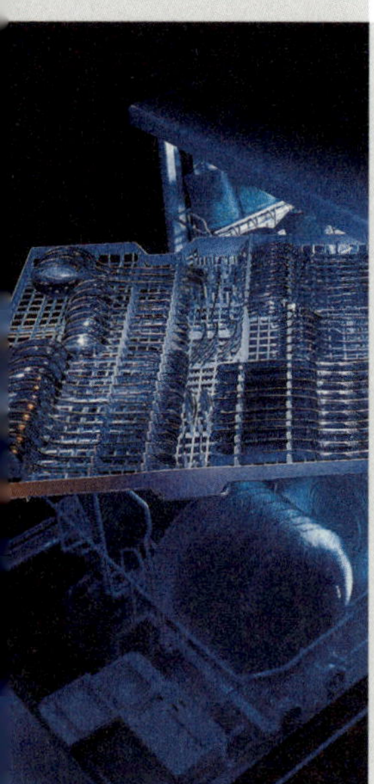

Foto: Miele

Trockenes Geschirr: Zeolith-Technik oder Trockengebläse?

Den bislang sparsamsten Geschirrspüler brachte 2009 die Firma Bosch auf den Markt, Neff und Siemens folgten: Sie setzen Zeolith ein – ein umweltverträgliches Mineral, das Wärmeenergie und Feuchtigkeit abwechselnd speichern und wieder abgeben kann. Zu Beginn des Spülgangs wird Wasser aus dem Zeolith-Behälter verdampft, das Mineral trocknet. Diese Wärme unterstützt das stromfressende Aufheizen des Spülwassers. In der Trocknungsphase dagegen speichert das Mineral Feuchtigkeit aus dem Innenraum und gibt Wärme frei, was das Trocknen des Geschirrs verbessert. Davon profitiert vor allem Kunststoffgeschirr, auf dem kaum Wasserflecken zurückbleiben. Wie ein KONSUMENT-Test (April 2010) zeigte, hat Zeolith-Technik aber einen Haken: Sie braucht Zeit und kommt daher in Kurzprogrammen erst gar nicht zum Einsatz, wodurch das Trockenergebnis leidet. Der Hersteller Miele dagegen punktet mit perfekt trockenem Geschirr in allen Programmen. Die Geräte heizen beim Klarspülen stärker auf, danach läuft noch etwa eine Viertelstunde lang ein Trockengebläse. Vorteil: Sämtliches Geschirr kann ohne lästiges Nachwischen direkt aus der Maschine in den Küchenschrank wandern.

Sparprogramme empfehlen sich ausschließlich bei häufiger Reinigung von wenig verschmutzten Gläsern, Tassen und Tellern.

Im Allgemeinen genügt ein Programm mit 50 bis 55 Grad Celsius für ein gutes Reinigungsergebnis. Bei hartnäckigen Verschmutzungen kann ein Vorspül- und ein Intensivprogramm das Grundprogramm ergänzen. Einige billigere Geräte arbeiten allerdings grundsätzlich mit einer Temperatur von 65 Grad Celsius, was bei manchem Geschirr problematisch werden kann. Bei den Reinigungsergebnissen bestehen in der Regel erhebliche Unterschiede zwischen preiswerten und teuren Geräten. Die teuren haben jedenfalls bei der Ausstattung, beim Trockenergebnis sowie beim Wasser- und Stromverbrauch eindeutig die Nase vorn.

Schon bei 50 bis 55 Grad wird alles sauber

Vorteilhaft ist, wenn das Gerät über ein **Vollwasserschutzsystem** verfügt, das aus einem doppelwandigen Zulaufschlauch, einem Sicherheits-Magnetventil und einer Bodenwanne mit Schwimmer besteht, die ausgetretenes Wasser auffängt. Bei einem Leck am Zulaufschlauch oder im Gerät unterbricht das System die Wasserzufuhr durch Schließen des Sicherheitsventils.

Herde

Gasherde

Spitzenköche schwören auf offene Gasflammen, weil sich damit schneller und effizienter kochen lässt als mit jedem Elektroherd. Die Hitze lässt sich leicht regulieren. Sie ist sofort da, wenn man sie braucht, und lässt sich ebenso rasch wieder abdrehen. In der Regel gibt es zwei Normalbrenner, einen Starkbrenner und einen Sparbrenner. Problematisch ist mitunter das Warmhalten, weil selbst die niedrigste Stufe des kleinen Sparbrenners geringe Mengen Gargut noch zum Kochen bringt.

Glaskeramik-Kochmulden mit abgedeckten Flammen haben sich nicht durchgesetzt. Stattdessen gibt es jetzt Glaskeramik-Mulden mit frei liegenden Brennern, die den Vorteil der leichteren Reinigung mit dem des Kochens auf offener Flamme kombinieren. Der Nachteil von **Gasbacköfen** ist, dass sich der Brenner unter der Bodenplatte befindet und sich die Hitze eventuell ungleichmäßig verteilt. Dies kann vor allem beim

Foto: Roman Sigaev/shutterstock

Gas und Strom kombinieren

Verfügt Ihre Wohnung über einen Gasanschluss, sollten Sie die Vorteile dieser Energieform nutzen und damit kochen. Beim Backen hingegen sind Sie mit Strom besser bedient. Das wissen auch die Hersteller und bieten deshalb Standgeräte mit dieser Energieträgerkombination an. Strahlungsbeheizung und offene Gasflamme lassen sich aber auch in einem Kochfeld kombinieren. Beachten Sie, dass Gasflammen nur in gut belüfteten Räumen mit einer Größe von mehr als acht Quadratmetern betrieben werden dürfen!

Kuchenbacken zu ungleichmäßiger Bräunung führen. Abhilfe schafft eine Ausführung mit Umluftbetrieb, bei der ein Ventilator die Hitze gleichmäßig im Innenraum verteilt. So wird außerdem Zeit und Energie gespart. Manche Gasbacköfen verfügen über eine zusätzliche Grillfunktion.

Elektroherde

Einfach zu reinigende Glaskeramik-Kochmulden haben sich durchgesetzt

Elektrokochfelder und -backöfen bieten um ein Vielfaches mehr an technischen Raffinessen als die Gas-Versionen. Zwar sind immer noch die traditionellen, einfachen Ausführungen aus Email oder Nirosta mit Gusskochplatten erhältlich. Durchgesetzt hat sich aber die flache, mit Metallschaber und weichem Schwamm zu reinigende Glaskeramik mit diversen Zusatzfunktionen bei Kochfeld und Ofen. Die auf dem Markt erhältlichen verschiedenen Heizsysteme für Kochfelder finden Sie unter „Energiesparendes Kochen: Heizsysteme im Vergleich" (► Seite 66).

Zur sinnvollen Ausstattung von **Glaskeramik-Kochmulden** zählen Zweikreis-Kochzonen und (bei Bedarf) Bräterzonen. Dabei handelt es sich um Kochfelder, die über zwei unterschiedlich große und (bei der Bräterzone) unterschiedlich geformte Bereiche verfügen. Je nach Größe der verwendeten Töpfe oder Pfannen kann der äußere Bereich dazu- oder abgeschaltet werden. Falls Sie Kochmulde und Backofen voneinander getrennt einbauen, müssen Sie noch die Kosten für einen zusätzlichen **Schaltkasten** (Bedienungsblende) hinzurechnen. Beim Einbau in denselben Unterschrank wird für beide Geräte auch derselbe Schaltkasten verwendet. Sie werden mit herkömmlichen Schaltern oder mit Sensortasten bedient.

Überflüssige Extras

Die Elektronik bei den Geräten wird allgemein mehr. Doch lassen Sie sich nicht von teuren Extras blenden, sondern überlegen Sie in Ruhe, was Sie überhaupt brauchen. Bedenken Sie außerdem, dass die Bedienung der vielen Zusatzfunktionen nicht unbedingt einfach ist und dass jedes Mehr an Elektronik die Geräte störungsanfälliger machen kann.

Foto: rook76/shutterstock

Der Sicherheit dient die **Abschaltautomatik**, die nach einer bestimmten Zeit das Aufheizen irrtümlich eingeschaltet gebliebener Kochfelder beendet. Die **Restwärmeanzeige** ist heute weitgehend Standard: Sie signalisiert nach dem Abschalten, dass das Kochfeld noch heiß ist.

Automatikkochfelder heizen mit maximaler Leistung auf und schalten nach Ablauf einer bestimmten Zeitspanne oder bei Erreichen einer bestimmten Temperatur selbstständig auf eine vorher gewählte, niedrigere Stufe zurück. **Sensorkochfelder** wiederum sind in der Lage, eine bestimmte Temperatur dauerhaft zu halten.

Zunehmender Beliebtheit bei den Konsumenten erfreuen sich Kochfelder mit **Induktionsheizung**, bei der flache Kupferspulen unter der Glaskeramik für ein niederfrequentes elektromagnetisches Feld sorgen, das der Kochtopfboden aufnimmt und in Wärme umwandelt. Dadurch heizt sich die Kochfläche selbst nicht auf und bleibt im Normalfall relativ kühl – überkochende Speisen brennen kaum an. Einfache Reinigung, schnelles Reagieren auf eine geänderte Einstellung sowie rasches Erhitzen der Speisen und somit Strom sparendes Kochen sind weitere Vorteile. Gegen manche Induktionskochfelder spricht der höhere Anschaffungspreis, der durch die Energieeinsparung bei Weitem nicht wettgemacht wird. Beim Kochen mit Induktion entsteht bei einigen Geräten durch niederfrequente Schwingungen ein Surren und Brummen, das störend wirken kann. Apropos Kochgeschirr: Die erwähnten ferromagnetischen Töpfe bestehen aus Gusseisen, Stahl oder emailliertem Stahl. Dagegen sind ältere Edelstahltöpfe und Töpfe mit Sandwichboden für Induktionsherde ungeeignet. Um sicherzugehen, machen Sie die Probe mit einem Magneten: Bleibt er am Topf haften, können Sie das Geschirr auf dem Induktionskochfeld verwenden.

Induktionskochflächen werden normalerweise nicht heiß

Oberhitze, Unterhitze und Heißluft gehören zur Grundausstattung eines modernen Backofens

Zur Grundausstattung eines **Backofens** sollte die Wahlmöglichkeit zwischen Unterhitze und kombinierter Ober- und Unterhitze gehören. Zusätzlich ist ein Umluft- oder Heißluftsystem empfehlenswert, wobei die Unterschiede zwischen den beiden Systemen vernachlässigbar sind. Sie ersparen sich damit das Vorheizen, können mit geringeren Temperaturen arbeiten und auf mehreren Ebenen gleichzeitig braten oder backen.

Mit im Paket ist häufig die **Grillfunktion**. In Kombination mit dem Umluftbetrieb wird sogar das Wenden des Grillgutes überflüssig. Manche Geräte haben einen drehbarer Grillspieß. Sein Nachteil: Der Innenraum des Ofens wird wesentlich stärker verschmutzt.

Zusätzlich zur herkömmlichen Beheizung verfügen einige Geräte über eine zuschaltbare **Mikrowellenfunktion**. Diese beschleunigt das Braten und Backen deutlich, kann aber zu einer stärkeren Austrocknung der Speisen führen.

Ähnlich wie bei den Kochmulden finden Sie bei manchen Backöfen eine **Bratautomatik**, die – nach Eingabe von Fleischart, Gewicht und Zustand (frisch oder gefroren) – die Speisen von selbst zubereitet. Manche

Unter Dampf

Foto: Simone van den Berg/shutterstock

Mit einem Dampfgarer können Sie große Mengen von Speisen schonend zubereiten. Diese Öfen sind für das Dämpfen, Dünsten oder Blanchieren frischer Lebensmittel, für das Erwärmen von Speisen, das Auftauen von Fertiggerichten und Tiefkühlprodukten sowie bei Geräten mit Backofenfunktionen für das Backen von Brot und das Braten von Fleisch geeignet. Die neuen Geräte bieten verschiedenste technische Finessen, so wird beispielsweise die Programmsteuerung je nach Höhenlage des Wohnortes automatisch an die unterschiedliche Siedetemperatur des Wassers angepasst. Es gibt Geräte, die nach der Niedertemperatur-Garmethode (70 bis 80 °C) arbeiten, in dem sie den 100 °C heißen Wasserdampf nicht kontinuierlich, sondern stoßweise mit dem Gargut in Kontakt kommen lassen. Andere Bautypen ermöglichen ein kombiniertes Garen mit Heißluft und Dampf, andere bieten alle herkömmlichen Backofenfunktionen plus Kombidampfgaren an. Die Kosten solcher Geräte liegen deutlich über jenen von herkömmlichen Backöfen. Sie benötigen entweder einen festen Wasseranschluss oder haben einen mobilen Wasserbehälter, der vor dem Dampfbetrieb aufgefüllt werden muss.

Reinigungssysteme

Die Innenflächen der Backöfen bestehen aus Email (eine besonders widerstandsfähige Beschichtung trägt z.B. den Namen Clean Emaille). Allerdings ist die Reinigung schon aus Gründen der Innenraumkonstruktion relativ schwierig. Hilfreich ist es, wenn die Einschubleisten für die Backbleche herausnehmbar sind oder der Grill sich zur besseren Deckenreinigung herunterklappen lässt. Abgesehen davon wurden mit der katalytischen und der pyrolytischen Reinigung zwei Systeme entwickelt, bei denen die Sache – laut Herstellerversprechen – ganz von selbst läuft: Bei der Katalyse oxidieren fetthaltige Verschmutzungen während des Backens oder Bratens, was durch Innenwände aus Spezialemail in Verbindung mit Luftsauerstoff erreicht wird. Das Material nutzt sich jedoch mit der Zeit ab und kann nicht bei allen Geräten erneuert werden. Die Pyrolyse hingegen verbrennt während eines eigenen Reinigungsprogramms, das bis zu drei Stunden dauern kann, alle Verunreinigungen zu Asche, die sich leicht entfernen lässt. Die erforderliche Temperatur von 500 Grad Celsius wird mit eigenen Heizkörpern erreicht. Die damit ausgerüsteten Geräte sind teurer und der Innenraum ist etwas kleiner. Aufgrund der verstärkten Isolierung ist aber zugleich der Stromverbrauch im Normalbetrieb geringer als bei anderen Geräten.

Foto: Moreno Soppelsa/shutterstock

Geräte arbeiten sogar mit Bratenthermometern. Allerdings sollten Sie erst Erfahrung sammeln, bevor Sie die Speisen sich selbst überlassen.

Kippsichere Bleche und Roste – zum Teil auf Teleskopschienen – können nicht herausfallen. Andere Geräte verfügen über einen sogenannten **Backwagen**, in den die Bleche eingehängt werden. Öffnet man die Backofentür, rollen die Bleche heraus und lassen sich – allerdings nicht bei allen Modellen – seitlich herausziehen. Dadurch ist auch das Backen auf mehreren Ebenen kein Problem. Beachten Sie, dass Sie für einen Backwagen genügend Platz in der Küche brauchen, um ihn von vorne bedienen zu können (zum Thema „Mindestabstände" ► Seite 26)! Beim **Teleskopwagen** wiederum sind die Bleche an einem Gestell befestigt, das auf Knopfdruck herausgleitet.

Ein Backwagen ist für das Backen auf mehreren Ebenen besonders komfortabel

Für manche Backöfen wird ein sogenannter **Backraumteiler** angeboten: ein wärmeisolierter Einschub mit eingebauter Unterhitze, der in eine Steckdose an der Backofenrückwand eingesteckt wird. Der Backraumteiler senkt den Energieverbrauch beim Braten kleiner Mengen. Der Raum unterhalb kann währenddessen zum Warmhalten genutzt werden.

Energiesparendes Kochen: Heizsysteme im Vergleich

	Vorteile	Nachteile
Heizwendel (in Kochplatten aus Gusseisen)	– Niedriger Anschaffungspreis (aber heute kaum noch erhältlich) – Eventuell Bestandteil der Erstausstattung von Wohnungen	– Hohe Energieverluste und hohe Betriebskosten – Die Platten brauchen sehr lange, um Speisen aufzuheizen – Gutes Geschirr mit ebenem Boden ist für eine effiziente, gleichmäßige Wärmeleitung unerlässlich – Kochstelle wird sehr heiß – Schwierigere Reinigung
Flachband (in Kochfeldern aus Glaskeramik)	– Höhere Energieeffizienz – Geringere Betriebskosten – Die ebene Fläche lässt sich leichter reinigen – Töpfe können leicht verschoben werden und kaum umkippen	– Verbrennungsgefahr durch heiße Kochstellen – Schnelle Reinigung ist vor allem nötig, wenn zuckerhaltige Speisen überkochen – Glasplatten können zerkratzt werden oder durch aufprallende Gegenstände zerspringen
Induktion	– Schnelles Aufheizen und Erkalten – Kochstelle erwärmt sich wenig – Auch unebene Topfböden und kleinere Töpfe können ohne besonderen Energieverlust verwendet werden – Keine Energieverluste, wenn der Topf von der Kochzone genommen wird – Leichte Reinigung – Automatische Topferkennung, da die Wärmeübertragung nur funktioniert, wenn Topf auf der Kochstelle steht	– Höherer Anschaffungspreis, der durch die Ersparnis an Energiekosten von ca. 7 Euro pro Jahr nicht ausgeglichen wird – Funktioniert nur mit magnetisierbarem Geschirr – Zu kleine oder zu dünnwandige Gefäße werden nicht erwärmt – Bei längerem Kochen überträgt sich die Hitze des Geschirrs auf das Kochfeld – Das bei einigen Geräten durch niederfrequente Schwingungen hervorgerufene Surren oder Brummen kann störend sein – Falls Sie einen Herzschrittmacher tragen: Erkundigen Sie sich beim Hersteller, wie störanfällig das Gerät ist

Zusatzgeräte zum Garen, Braten und Grillen

Als Ergänzung zu Kochplatten und dem Backofen werden verschiedenste Geräte angeboten, deren Anschaffung sich – abgesehen vom Mikrowellenherd – nur dann lohnt, wenn Sie viel und gerne kochen und daher auch die Abwechslung suchen.

Mikrowellengeräte

Mikrowellengeräte eignen sich in erster Linie zum Auftauen, Erwärmen und Garen von Lebensmitteln. Ihr Vorteil liegt darin, dass dies bei kleinen Mengen sehr rasch geht und Sie gleich das Essgeschirr dafür verwenden können, sofern es nicht aus Edelstahl oder Silber besteht oder einen Goldrand hat. Es genügen ganz einfache Geräte mit 600 Watt Leistung. Braun werden die Speisen dabei allerdings nicht. Für diesen Zweck benötigen Sie einen Mikrowellenofen mit zusätzlicher Grillfunktion.

Jedes Gerät sollte über eine Leistungsstufe mit weniger als 120 Watt verfügen, um bestimmte Lebensmittel – etwa Butter oder Torten – schonend auftauen zu können. Ähnlich wie bei den Backöfen haben teurere Geräte verschiedenste Zusatzfunktionen; z.B. die Gewichtautomatik, auf die Sie sich jedoch nicht hundertprozentig verlassen sollten, da die Form des Lebensmittels unberücksichtigt bleibt.

Es gibt unterschiedliche Systeme, die Mikrowellen im Garraum zu verteilen. Keines davon hat entscheidende Vor- oder Nachteile. In jedem Fall ist es günstig, wenn das Gerät über einen Drehteller verfügt. Eine hohe Mikrowellen-Ausgangsleistung sollte übrigens keine Kaufentscheidung sein. 600 bis 800 Watt genügen vollauf, mehr als 1.000 Watt können durch die rasche Erhitzung der Oberfläche sogar dazu führen, dass sich die Wärme nicht bis ins Innere der Speisen ausbreitet und sie stellenweise roh bleiben.

Eine zu hohe Ausgangsleistung kann sich nachteilig auswirken

Dampfdruckgarer

Im Gegensatz zu den Backöfen, die das Dampfgaren als Zusatzfunktion bieten, erfüllt dieses Gerät nur den einen Zweck, den sein Name

Die Anschaffung eines Dampfdruckgarers lohnt sich nur für große Haushalte

beschreibt. Das Garen unter Druck und bei Temperaturen um die 110 Grad Celsius erhält Geschmack und Aroma von Gemüse und Fisch sowie weitgehend die Vitamine. Auch das Garen großer Mengen geht sehr rasch und es kann auf mehreren Ebenen und in bunter Mischung erfolgen. Die Geräte benötigen einen festen Wasseranschluss. Für kleine Haushalte sind sie unserer Meinung nach zu teuer (► Seite 64).

Grillplatten und -roste

Griller werden in unterschiedlichsten Ausführungen angeboten: mit Glaskeramik- oder Edelstahlplatte bzw. mit Rost und mit einer mit Lavasteinen oder Wasser gefüllten Wanne, als Einzelgeräte für den Einbau in die Arbeitsplatte, als Standgeräte oder als integrierter Bestandteil einer herkömmlichen Glaskeramik-Kochmulde. Sie ermöglichen das fast fettfreie und rasche Anbraten von Fleisch und Gemüse. Für hochwertige Edelstahl-Grillplatten müssen Sie allerdings tief in die Tasche greifen. Bei preisgünstigeren Ausführungen wirft sich infolge der großen Hitze häufig die Grillplatte.

Einbaufritteusen

Teure Elektrofritteusen, die in die Arbeitsplatte integrierbar sind, haben dieselben Vor- und Nachteile wie die billigeren Standgeräte (► Seite 81): Einer geringeren Geruchsbelästigung und weniger Fettspritzern stehen der hohe Ölverbrauch (Altöl ist Sondermüll!) und die Tatsache gegenüber, dass die Lebensmittel viel Fett aufnehmen. Ein normaler Topf mit Drahteinsatz und Deckel erfüllt genau genommen den gleichen Zweck.

Kühl- und Gefriergeräte

Der Entscheidung für ein bestimmtes Kühl- oder Gefriergerät sollten Sie Ihren tatsächlichen Bedarf zugrunde legen. Er resultiert aus der Haushaltsgröße, Ihren Kochgewohnheiten, dem Umfang Ihrer Vorratshaltung und dem Vorhandensein einer ganzjährig kühlen Speisekammer.

Kühlschränke

Bunter Blickfang – Standgeräte sind leichter austauschbar, sparen Strom und kosten in der Standardausführung etwas weniger als Einbaugeräte

Ist der Kühlschrank der einzige Ort in Ihrer Wohnung, an dem Sie begrenzt haltbare Lebensmittel aufbewahren können, und kaufen Sie in der Regel maximal so viele Vorräte ein, dass Sie damit über ein verlängertes Wochenende kommen, dann sollten Sie von einem erforderlichen Nutzinhalt von rund 60 Litern pro Person ausgehen. Besitzen Sie einen Gefrierschrank, muss der Kühlschrank kein **Sternefach** haben – es erhöht nur den Energieverbrauch. Ein- und Zweisternfächer dienen lediglich als „Zwischenlager" für Gefrorenes über einen Zeitraum von wenigen Tagen bzw. Wochen. Dreisternfächer sind zwar für die langfristige Lagerung von Tiefkühlkost geeignet, aber nicht zum Einfrieren. Es gibt allerdings auch Kühlschränke mit relativ großem Gefrierfach (gekennzeichnet mit drei kleineren plus einem größeren Stern), die zu den einfachen Kühl-Gefrier-Kombinationen (► Seite 74) zählen und das Einfrieren kleiner Mengen ermöglichen.

Moderne Kühlschränke verfügen in der Regel über eine **Abtauautomatik**, verursachen also – abgesehen von der regelmäßigen Reinigung des Innenraums – keine Arbeit. Der **Innenraum** ist unterschiedlich gestaltet und ausgestattet. Fallweise finden sich noch Gitterroste; in der Regel sind die Fächer aber aus bruchfestem Glas (manchmal auch Kunststoff), was praktischer ist. Eine der Glasplatten sollte teilbar sein, um Platz für höhere Gefäße zu schaffen. Ein bis zwei Obst- und Gemüseladen zählen zum Standard, ebenso wie mehrere verstellbare Türfächer. Gerade dort zeigen sich große Unterschiede zwischen Geräten verschiedener Preisklassen.

In der Regel ist die Seite des Türanschlags bei Kühlschränken wählbar. Für Rechtshänder sollte er sich links befinden, weil sie sich mit der rechten Hand beim Herausnehmen der Lebensmittel leichter tun. Allerdings müssen Sie auch den Standort des Gerätes beachten: Bildet es beispielsweise den Abschluss einer Küchenzeile, dann wird es sinnvoller sein, den Türanschlag danach auszurichten. Manche Unterbaugeräte (► Seite 73) sind anstelle einer Tür mit einem Auszug ausgestattet. Das hat den Vorteil, dass Sie sich nicht so weit bücken müssen.

In Mehr-Zonen-Kühlschränken bleiben Lebensmittel bis zu dreimal länger frisch

Sogenannte **Mehr-Zonen-Kühlgeräte** weisen mehrere, auf die jeweiligen Lebensmittel abgestimmte Temperatur- und Luftfeuchtigkeitsbereiche auf, z.B. eine Kellerzone (8 – 12 °C) und eine Kaltlager-Zone (0 – 2 °C). Der Vorteil: Milch, Gemüse, Wurst und andere frische Lebensmittel halten bis zu dreimal länger als bei einer Aufbewahrung in herkömmlichen Kühlschrankzonen. Die Null-Grad-Zonen sind mit einer manuellen Feuchtigkeitsregulierung ausgestattet, sodass bei geschlossenem Schieberegler ein für tierische Lebensmittel optimaler Trockenbereich mit 50 Prozent relativer Luftfeuchtigkeit entsteht. Bei offenem Schieberegler steigt der Wert auf 90 Prozent – ideal für unverpacktes Obst und Gemüse, das deutlich länger prall und knackig bleibt. Es versteht sich von selbst, dass solche Finessen Ihr Budget stärker belasten als die einfache Gerätevariante.

Optimale Lebensmittelkühlung im Mehr-Zonen-Kühlschrank

Foto: Liebherr

Trockenbereich (Null-Grad-Zone, 50 % Luftfeuchtigkeit)	Milch, Joghurt, Topfen, Fleisch, Wurst, Schinken, Geflügel, Fisch (verpackt)	Mikroorganismen sind weniger aktiv
Feuchtbereich (Null-Grad-Zone, 90 % Luftfeuchtigkeit)	Kälteunempfindliches Gemüse und Obst, Blattsalate, Kräuter, Pilze (unverpackt)	Das Austrocknen und Welken wird verzögert, Vitamine bleiben besser erhalten
Kellerzone (8 – 12 °C)	Kälteempfindliches Obst und Gemüse wie Melonen, Ananas, Kartoffeln, Gurken, viele Paprika- und Tomatensorten	Verhindert das Auftreten von Kälteschäden
Türfächer und normale Ablageflächen (4 – 8 °C)	Eier, Butter, Getränke, Käse, Mayonnaise, Marmelade, Kuchen, Torten, gegarte Speisen (abgedeckt bzw. verpackt)	

Energie sparen beim Kühlen

- Stellen Sie Ihren Kühlschrank nicht neben die Heizung und schützen Sie ihn vor Sonneneinstrahlung.
- Wählen Sie keine zu niedrige Temperatur, 7 °C reichen zum Frischhalten. Im Gefrierteil sollte es nicht kälter als –18 °C sein.
- Öffnen Sie den Kühlschrank nur so lange wie nötig. Heiße Speisen auf Zimmertemperatur abkühlen lassen, dann erst in den Kühlschrank stellen.
- Verdecken Sie wegen der Gefahr eines Wärmestaus niemals die Lüftungsgitter. Poröse Gummidichtungen am Türrahmen tauschen, den Gefrierteil bei Eisbildung abtauen.

Foto: Petoo/shutterstock

Große **Standgeräte** – sei es nun in Weiß oder bunt, in moderner Edelstahl-Optik oder im Nostalgie-Look – liegen im Trend. Side-by-Side-Modelle sind Kühl-Gefrier-Kombinationen im XXL-Format mit zwei nebeneinander angebrachten Türen. Bei solchen Geräten fast schon obligatorisch: der Wasser- und Eisspender. Manchmal gibt es auch eine Klappe in der Kühlschranktür, die einen schnellen Zugriff auf die dahinter stehenden Getränke bietet. Einige Geräte entpuppen sich sogar als wahre Entertainer: mit integriertem Fernseher, Hi-Fi-Anlage oder Internetanschluss. Jedoch macht ihr riesiges Fassungsvermögen von mindestens 500 Litern nur für entsprechend große Haushalte wirklich Sinn.

Side-by-Side-Kühlschränke liegen voll im Trend

Auch Kühlschränke erzeugen Geräusche, die in Wohnküchen störend wirken können. Da die Unterschiede zwischen den einzelnen Geräten groß sind, sollten Sie beim Kauf darauf achten.

Gefrierschränke und -truhen

Bei diesen Geräten sollten Sie von 50 bis 60 Litern Nutzinhalt pro Person ausgehen (bei ausgeprägter Vorratshaltung 100 bis 130 Liter). Die Anschaffung und der Betrieb von Gefriergeräten lohnen sich allerdings nur dann, wenn sie ständig wenigstens zu zwei Dritteln gefüllt sind.

Zu den Vorteilen der Truhen zählen der geringere Energieverbrauch und die Möglichkeit, auch größere Stücke unterzubringen. Die mit

Eiswürfel als Frostwächter

Foto: Ultrashock/shutterstock

Sollte Ihr Gefriergerät über keine automatische Frostkontrolle verfügen, die Temperaturanstiege speichert, können Sie lose Eiswürfel als Frostwächter verwenden: In ein Plastiksackerl verpackt behalten sie ihre Form und bleiben getrennt, solange die Temperatur nicht deutlich ansteigt. Wenn die Temperatur auch nur kurzzeitig über null Grad angestiegen ist, bleiben die Würfel später miteinander verschmolzen.

Kunststoffladen bzw. Metall- oder Kunststoffkörben ausgestatteten Gefrierschränke hingegen bieten eine größere Übersichtlichkeit und benötigen weniger Stellfläche. In der Handhabung besteht kein Unterschied zwischen Laden und Körben. Einziger Nachteil der Körbe ist, dass sich verschüttete oder ausgestreute Inhalte über mehrere Ebenen verteilen können. Achten Sie darauf, dass sich die Laden/Körbe zum Be- und Entladen möglichst weit herausziehen lassen. Alle Gefriergeräte sind für das Einfrieren größerer Mengen frischer Lebensmittel geeignet. Beachten Sie dazu die Herstellerangaben!

Die normale **Lagertemperatur** beträgt minus 18 Grad Celsius. Deren Überwachung erfolgt teilweise mittels Digitaldisplay. Steigt die Temperatur, geben alle Geräte akustische Warnsignale ab. Manche speichern sogar die während eines Stromausfalls höchste im Innenraum erreichte

Gerätemaße

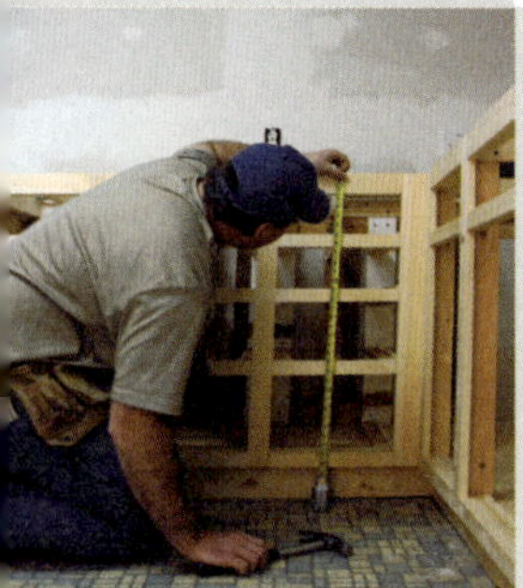
Foto: cappi thompson/shutterstock

Auch wenn es auf den ersten Blick nicht so aussehen mag – Geräte mit identischen Abmessungen sind in der Minderzahl; selbst wenn sie vom gleichen Hersteller stammen. Damit das jeweilige Gerät dann exakt im Schrank sitzt, braucht der Küchenhersteller vor Produktionsbeginn die genauen Gerätenummern bzw. -abmessungen (► Seite 104, Kasten „Rechtzeitig planen"). Manche Kücheneinrichter lassen sich den Aufwand für das Einpassen von Fremdgeräten extra honorieren, wenn man keine Einbaugeräte aus dem Programm des Küchenstudios nehmen oder bereits vorhandene Geräte in die neue Küche integrieren möchte.

Stand-, Unterbau-, Einbaugeräte

Viele Kühl- und Gefrierschränke, Herde, Geschirrspüler, Mikrowellenöfen, Dampfdruckgarer und Waschmaschinen werden zumindest in zwei Bauformen angeboten: als Stand- und als Einbaugeräte. Standgeräte werden, wie der Name besagt, nach dem Kauf einfach an den vorgesehenen Platz gestellt. Häufig sind diese Geräte auch unterbaufähig, d.h., ihre Deckplatte lässt sich abnehmen, sodass sie unter eine Küchenarbeitsplatte passen. Das funktioniert natürlich nicht, wenn die Bedienelemente an der Geräteoberseite angebracht oder in die Deckplatte integriert sind! Bei Unterbauherden wird die Kochmulde in die Arbeitsplatte eingepasst. Standgeräte sind die preislich günstigere Lösung. Optisch schöner sind spezielle Unterbaugeräte (hauptsächlich Kühl- und Gefrierschränke) und Einbaugeräte. Sie werden in einen Unter-, Ober- oder Hochschrank (► Seite 40ff.) geschoben. Bei Kühl- und Gefrierschränken sowie Geschirrspülern kann zusätzlich die Vorderseite mit einer Front in Farbe und Material der Küchenmöbel verkleidet werden. Bei den Geschirrspülern (► Seite 59) bleibt meist die Bedienblende sichtbar. Es gibt aber auch voll integrierbare Ausführungen, bei denen sich die Bedienelemente innen auf der Oberseite der Klappe befinden. Von außen ist dann – wie bei den Kühl- und Gefrierschränken – nicht mehr zu erkennen, was sich hinter der Front befindet. Im Fall der Herde haben Sie bei Einbaugeräten zudem die Möglichkeit, Kochmulde und Backofen zu trennen, was bei Standgeräten nicht möglich ist.

Temperatur. Aufgrund der guten Isolierung und mithilfe von Kühlakkus (die teilweise auch für die Kühltasche verwendet werden können) bewältigen die heutigen Geräte auch Stromausfälle bis zu 24 Stunden. Erst dann wird die für den Verderb von Lebensmitteln kritische Temperatur von minus 9 Grad Celsius erreicht und sie dürfen nicht wieder eingefroren werden.

Einige Gefriergeräte sind mit der sogenannten **No-Frost-Abtauautomatik** ausgestattet, die das regelmäßige Abtauen überflüssig macht. Die No-Frost-Funktion verbraucht jedoch mehr Strom und die Anschaffungskosten sind höher. Zudem ersetzt sie keinesfalls die aus hygienischen Gründen unbedingt empfehlenswerte Reinigung des Innenraums ein- bis zweimal jährlich.

Energiekennzeichnung

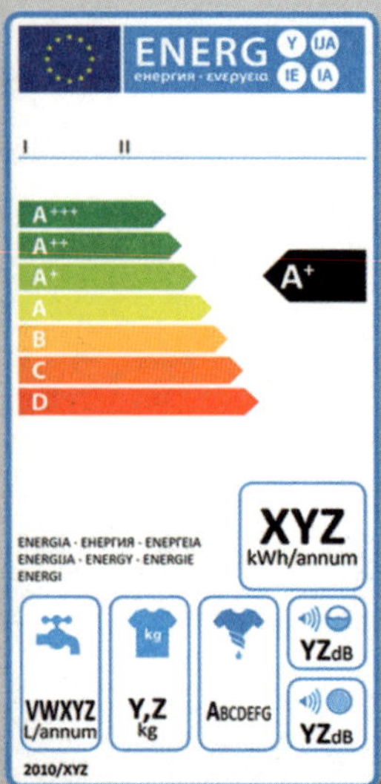

Für Kühl- und Gefriergeräte, aber auch für Backöfen, Geschirrspüler, Waschmaschinen, Trockner ist europaweit die Energiekennzeichnung verpflichtend. Die Geräte werden zurzeit in sieben Energieeffizienzklassen eingeteilt: A+++, A++, A+, A, B, C, D. Ab Dezember 2011 dürfen Geräte der Klassen B, C und D nicht mehr verkauft werden. Ein Vergleich lohnt sich bei Kühl- und Gefriergeräten auch innerhalb derselben Energieeffizienzklasse. Angegeben ist jeweils der Verbrauch in Kilowattstunden pro Jahr für den gesamten Nutzinhalt des jeweiligen Gerätes. Um Geräte innerhalb derselben Effizienzklasse, aber mit unterschiedlichem Nutzinhalt miteinander vergleichen zu können, müssen Sie den Verbrauch jeweils auf 100 Liter Nutzinhalt umrechnen. Beim Vergleich werden Sie außerdem feststellen, dass äußerlich gleich große Geräte hinsichtlich ihres Nutzinhaltes teilweise stark differieren. Dieser hängt von der Konstruktionsweise und der Dicke der Isolierschicht ab. Zusätzlich enthält das Energieetikett Angaben zum Betriebsgeräusch sowie gerätespezifische Daten. Das sind – neben dem Nutzinhalt von Kühl- und Gefriergeräten – z.B. die Füllmenge bei Waschmaschinen und Trocknern, die Wasch- und Schleuderwirkung bei Waschmaschinen, die Reinigungs- und Trockenwirkung bei Geschirrspülern oder der Wasserverbrauch bei Waschmaschinen und Geschirrspülern.

Kühl-Gefrier-Kombinationen

Sie können als Kühlschrank mit großem Gefrierfach ausgeführt sein, oder sie sind in zwei Bereiche geteilt, wobei der Gefrierteil mit eigener Tür und im Inneren mit Schubladen ausgestattet ist. Kühl-Gefrier-Kombinationen sind in der Regel preislich günstiger als der getrennte Kauf von Kühl- und Gefrierschrank. Empfehlenswert sind Geräte mit **zwei Kühlkreisläufen**. Kommt es nämlich bei den Ausführungen mit nur einem Kühlkreislauf zu einem Defekt, sind auf einen Schlag Kühl- und Gefrierteil außer Gefecht gesetzt. Der Gefrierteil mancher teurerer Geräte ist mit der No-Frost-Funktion (► Seite 73) ausgestattet.

Foto: Hofpils/shutterstock

Dunstabzüge

Nicht nur Küchen ohne Fenster sollten mit einem Dunstabzug ausgestattet werden. Erstens kann ein Fenster bei schlechtem oder kaltem Wetter nicht ständig offen gehalten werden, zweitens wird es sich nicht immer in unmittelbarer Nähe des Herdes befinden, sodass sich Dunst und Gerüche trotzdem ausbreiten und der fettige Dunst sich auf den Oberschränken im Herdbereich niederschlägt.

Grundsätzlich gibt es zwei verschiedene Systeme: Umluft und Abluft. Während bei den **Umluftgeräten** die angesaugte Luft – nach dem Passieren eines Fett- und eines Aktivkohlefilters – wieder an die Raumluft abgegeben wird, führen die **Abluftgeräte** den Küchendampf durch einen Fettfilter und anschließend über einen Schlauch ins Freie bzw. in den Abluftschacht. Im Winter werden sie damit zur „Wärmeschleuder", weil die geheizte Wohnungsluft ins Freie geblasen wird. Abluftgeräte arbeiten effizienter, aber auch lauter. Auch durch einen externen Gebläsemotor kann die Lautstärke nicht entscheidend gesenkt werden, denn viel Lärm entsteht durch die am Fettfilter vorbeirauschende Luft.

Je länger der Abluftschlauch ist und je mehr Biegungen er macht, desto geringer ist die Wirkung eines Dunstabzugs. Der Schlauchdurchmesser sollte mindestens 100 Millimeter betragen. Als Fettfilter kommen entweder Vliese oder Metallfilter zum Einsatz. **Vliese** binden das Fett aus dem Dunst besser und sind vergleichsweise billig. Sie sind aber Einwegprodukte und müssen regelmäßig ausgetauscht werden. **Metallfilter** hingegen haben eine mehrjährige Lebensdauer und müssen nur hin und wieder mit der Hand oder im Geschirrspüler gereinigt werden.

Manche Dunstabzüge sind für Umluft- und Abluftbetrieb geeignet. Optisch ansprechender sind **Flachschirmhauben**, die abgeschaltet fast

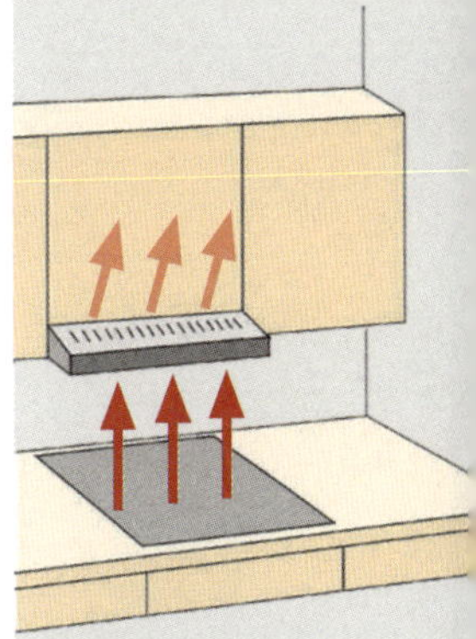

Umluftsystem

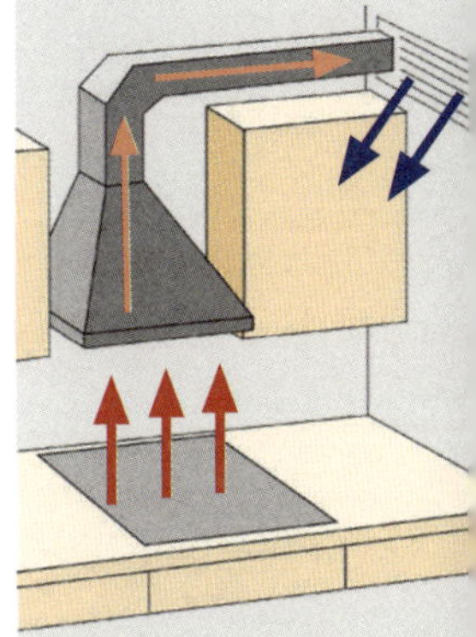

Beim Abluftsystem muss für Frischluftzufuhr gesorgt werden

Fettfilter regelmäßig reinigen

Wer täglich mit Fett kocht, sollte Fettfilter aus Metall mindestens alle drei Wochen reinigen. Sonst beginnt das aufgefangene Fett zu verharzen und der Filter ist schwieriger wieder sauber zu bekommen. Wichtig: den gewaschenen Filter nur ganz trocken wieder einbauen.

Foto: Michael Higginson/shutterstock

unsichtbar hinter der Lichtblende des Oberschranks verschwinden und bei Bedarf hervorgezogen werden. Reizvoll sind formschöne **Ausführungen aus Edelstahl** oder Edelstahl und Glas, die nicht versteckt, sondern gesehen werden sollen. Sie erinnern an traditionelle Kaminabzüge über Feuerstellen und werden an der Wand oder über einer Kochinsel montiert. Sie sind teurer und beanspruchen außerdem viel Platz.

Zu den **Sonderformen** zählen Dunstabzüge, deren Ansaugöffnungen sich an der Rückwand hinter der Kochmulde befinden bzw. direkt in die Kochmulde eingebaut sind. Ihr Wirkungsgrad kann aber nicht immer mit jenem der herkömmlichen Geräte mithalten – exklusiv ist nicht unbedingt auch praktisch.

Die notwendige Geräteleistung hängt vom Raumvolumen ab

Als Faustregel gilt, dass in kleineren Küchen pro Stunde das zehn- bis zwölffache Volumen der Raumluft ausgetauscht werden sollte, in größeren Küchen genügt das sechs- bis achtfache Volumen. Deshalb sollten Sie vor dem Kauf das **Raumvolumen** Ihrer Küche berechnen. Die Leistung von Abluftgeräten sollte wegen des entstehenden Unterdrucks noch einmal um 50 Prozent höher liegen als errechnet. Allerdings werden Sie in der Praxis vielfach feststellen, dass trotzdem immer wieder Dampfschwaden am Gerät vorbeiströmen. Ähnlich wie etwa bei einem Staubsauger ist eine hohe Leistung nicht alles – es kommt auch auf die Konstruktionsweise an, die Stärke und Geschwindigkeit des Luftstromes beeinflusst. Davon können Sie sich allerdings nur dann ein Bild machen, wenn der Küchenberater bereit und in der Lage ist, das Gerät vorzuführen. Grundsätzlich sollte die Haube mindestens 30 Zentimeter breiter als das Kochfeld sein, damit auch durch Querströme und Luftwirbel abgelenkte Dunstschwaden erfasst werden.

Kleingeräte

Für den Küchenbereich gibt es auf dem Markt unzählige elektrisch betriebene „kleine Helfer". Einige davon, etwa das Handrührgerät, sind bei der Küchenarbeit heutzutage kaum mehr wegzudenken. Manche wiederum sind zwar hilfreich, aber nicht unbedingt notwendig. Der Rest ist – bei strenger Betrachtung – mehr oder weniger überflüssig. Überlegen Sie vor dem Kauf gut, ob ein bestimmtes Gerät für Sie tatsächlich Sinn macht, und fragen Sie auch Freunde und Bekannte nach deren Erfahrungen. Bedenken Sie, dass selbst das praktischste Küchengerät nur dann häufig benutzt wird, wenn es rasch bei der Hand ist, sich also an einem leicht zugänglichen Aufbewahrungsort befindet.

Handrührgeräte

Ob Teige, Saucen oder Schlagobers – mit dem Handrührgerät geht's rasch und bequem. Bei großen Teigmengen stoßen die Geräte allerdings an ihre Grenzen. Als Zubehör genügen Quirle, Knethaken und höchstens noch ein Mixstab. Alles andere sind überflüssige Extras. Sparen Sie nicht zu sehr, kaufen Sie eher ein qualitativ höherwertiges, teureres Gerät. Achten Sie darauf, dass es gut in der Hand liegt.

Küchenmaschinen

Glaubt man der Werbung, gibt es fast nichts, was Küchenmaschinen nicht können – mit dem entsprechenden Zubehör, versteht sich: Neben Rührschüssel, Rühr- und Knethaken zählen mitunter auch Bestandteile wie Mixglas, Schnitzelaufsatz und Fleischwolf schon zur Grundausstattung. Ein Vergleich des Preis-Leistungs-Verhältnisses lohnt sich.

Große Küchenmaschinen brauchen viel Stauraum

Kompakte Geräte sind vor allem beim Teigkneten nicht so leistungsstark wie große Küchenmaschinen, wodurch die zu bearbeitende Teigmenge zum Teil stark begrenzt ist. Besser eignen sich die kompakten Modelle zum Hacken, Schnitzeln und Mixen. Beachten Sie, dass große Küchenmaschinen samt Zubehör viel Stauraum benötigen.

Nachteil vieler Küchenmaschinen ist die etwas umständliche Handhabung der verschiedenen Aufsätze, die auch aufgrund zahlreicher Rillen und Kanten oft schwierig zu reinigen sind. Das Unangenehmste an den Küchenmaschinen ist jedoch der wahre Höllenlärm, den sie verursachen.

Stabmixer

Er erfüllt die gleiche Funktion wie der Mixstab beim Handrührgerät. Sein Vorteil gegenüber einem Mixglas (Standmixer) ist, dass Sie direkt im jeweiligen Gefäß arbeiten können und dessen Inhalt nicht umfüllen müssen. Günstig sind Stabmixer mit variabler Geschwindigkeit. Als Zubehör gibt es bei manchen Modellen ein Mini-Mixglas zum Zwiebel- und Kräuterhacken, das allerdings nur mittelmäßige Ergebnisse liefert.

Standmixer

Er entspricht dem Mixglas bei den Küchenmaschinen. Vorteil dieser Geräte gegenüber dem Stabmixer ist der Spritzschutz durch den Deckel. Größere Mengen müssen allerdings in mehreren Portionen püriert werden, das ständige Umfüllen ist lästig.

Kaffeemaschinen

Filterautomaten mit Thermoskannen bewähren sich beim Kaffeekochen auf Vorrat

Filterautomaten. Sie funktionieren nach dem Vorbild des Handfilterns: Das erhitzte Wasser tropft auf den gemahlenen Kaffee im Filter und läuft nach unten in die Kanne. Man kann entweder Einweg-Papierfiltertüten verwenden, die im Bio-Abfall entsorgt werden, oder man greift auf Dauerfilter („Goldfilter") zurück, die nach jedem Gebrauch gründlich abgespült werden müssen, damit sich die Kaffeeöle nicht absetzen. Filterautomaten gibt es mit Glaskannen oder Thermoskannen. Letztere bewähren sich, wenn man gerne Kaffee auf Vorrat kocht. Manche Hersteller versuchen, den Geschmack des Kaffees durch aufwendigere Brühverfahren zu verbessern. So wird das Wasser unter Druck durch den Filter gepresst oder das Kaffeepulver wird „geduscht". Entscheidende Vorteile bringt jedoch keines dieser Systeme.

Portionskaffeemaschinen (Kaffee-Pad-Geräte). Im Unterschied zu herkömmlichen Filterautomaten wird jede Tasse frisch zubereitet. Die genau dosierten Kaffeeportionen sind in Pads aus Filterpapier oder in Aluminium- bzw. Kunststoffkapseln erhältlich. Die Maschine erhitzt das Wasser und presst es durch das Pad bzw. die Kapsel, der Kaffee läuft direkt in die Tasse. Der Wasserdruck ist deutlich niedriger als bei Espressomaschinen. Dem Vorteil der einfachen und bequemen Handhabung stehen einige Nachteile gegenüber: Pads und Kapseln sind teurer als Kaffeebohnen, die Auswahl an Sorten ist geringer, und oft ist man an einen Systemanbieter gebunden.

Kombiautomaten. Hier sind eine Filtermaschine und eine Espressomaschine in einem gemeinsamen Gehäuse mit zentraler Bedieneinheit integriert. Beide Geräte verfügen über ein eigenes Brühsystem mit getrenntem Wasserkreislauf. Für die Zubereitung wird gemahlener Kaffee verwendet, Milch lässt sich mit einer Dampfdüse aufschäumen. Die platzsparenden, preisgünstigen Geräte bieten allerdings weniger Ausstattungsdetails als die jeweiligen Einzelgeräte.

Espressokocher. Diesen zweiteiligen Klassiker aus Aluminium oder Edelstahl stellt man auf die Herdplatte. Das in die untere Kammer gefüllte Wasser wird zum Kochen gebracht und durch ein mit Kaffeepulver gefülltes Sieb in die aufgeschraubte obere Kammer gedrückt. Das Ergebnis ist starker schwarzer Kaffee, dem jedoch wegen des geringen Drucks die Espresso-typische Crema fehlt.

Siebträgermaschinen. Für ein oder zwei Tassen Espresso wird gemahlener Kaffee in das Filtersieb gefüllt und angedrückt. Nach dem Einsetzen des Siebträgers erhitzt das Gerät Wasser aus dem Wasserbehälter und presst es mit einem Druck von bis zu 15 bar durch das Kaffeepulver. Die Wassermenge muss von Hand reguliert werden, Siebträgermaschinen sind allerdings billiger und weniger reparaturanfällig als Vollautomaten.

Espressomaschine (Vollautomat). Auch diese Geräte arbeiten mit hohem Druck, der die typische Crema erzeugt. In die dafür vorgesehenen Behälter füllt man Wasser und ganze Kaffeebohnen, das integrierte Mahlwerk mahlt die Bohnen für jeden Brühvorgang frisch. Espresso-Vollautomaten sind in den verschiedensten Ausführungen erhältlich und vergleichsweise teuer. Zudem müssen sie regelmäßig gewartet werden. Übrigens: Wer gerne Latte macchiato trinkt, sollte sich beim Kauf vergewissern, ob die höheren Gläser unter den Auslass passen.

Espresso-Vollautomaten erzeugen die typische Crema

Espresso-Einzelportionssysteme. Hochwertiges Kaffeemehl ist in aromaversiegelte Alu- bzw. Kunststoffkapseln oder Filterpapier-Pads verpackt, die von heißem Wasser unter Druck durchströmt werden. Da man sich beim Kauf auf einen bestimmten Anbieter festlegt, ist vorab eine Kaffeeverkostung ratsam. Für die einfache Handhabung muss man tiefer in die Börse langen. Die teureren Kapseln sind überdies nur vom jeweiligen Anbieter und nicht in jedem Geschäft, das Kaffee verkauft, erhältlich. Ebenfalls zu beachten: Nicht alle Geräte verfügen über eine Milchaufschäumfunktion.

Wasserkocher

Praktisch für kleinere Mengen Heißwasser

Wenn Sie rasch und energiesparend eine kleinere Menge Wasser (bis zu 1,5 Liter) erhitzen wollen, dann erfüllt ein elektrischer Wasserkocher diese Aufgabe am besten. Er empfiehlt sich fürs Teewasser ebenso wie für die Babynahrung. Man unterscheidet zwischen Geräten mit offenen und verdeckten Heizelementen. Inzwischen haben sich aber die Geräte mit verdecktem Heizelement aufgrund der einfacheren Handhabung und größeren Sicherheit durchgesetzt. Vorsicht ist vor allem geboten, wenn Kinder im Haus sind: Speziell Kannen aus Edelstahl und Glas werden auch außen sehr heiß.

Brotschneidemaschinen und Allesschneider

Elektrische Brotschneidemaschinen dienen im Grunde genommen rein der Bequemlichkeit. Das Schneiden mit dem Messer dauert ungleich länger und ist schwieriger. Gegenüber handbetriebenen Brotschneidemaschinen bieten sie aber kaum Vorteile. Sinnvoller ist die Anschaffung eines elektrischen Allesschneiders. Diese Maschinen schneiden neben Brot auch Gemüse, Käse, Hartwurst oder Speck. Für weiche Wurstwaren oder Schinken gibt es bei einigen Geräten als Zubehör spezielle Schneidblätter mit glattem statt gezacktem Rand. Allesschneider sind relativ laut. Achten Sie beim Kauf darauf, wie gut sich das Gerät reinigen lässt und ob es über eine Kindersicherung verfügt.

Elektrische Messer

Die elektrischen Versionen sind einem gut geschliffenen herkömmlichen Messer kaum überlegen. Rasch und leicht lassen sich mit der beweglichen Doppelklinge nur weiche oder weich gekochte Speisen schneiden. Bei Hartem oder gar Tiefgefrorenem beißt sie sich meist die Zähne aus und ist dem Allesschneider unterlegen. Außerdem ist der Umgang mit dem elektrischen Messer nicht ungefährlich und die Geräte sind laut.

Toaster

Wenn Sie Toast mögen, sind Sie mit einem sogenannten Langschlitztoaster am besten bedient. Im Gegensatz zu Geräten mit Doppelschlitz können Sie in dem längeren, breiteren Schlitz auch größere Brotschnitten toasten. Überbackene Toasts können Sie hingegen nur im Backrohr, in einem speziellen Zangentoaster oder in einem Plattengrillgerät machen. Praktisch ist ein Aufsatz zum Aufbacken von Semmeln.

Langschlitztoaster eigenen sich auch für größere Brotschnitten

Plattengrillgeräte

Toastscheiben – mit oder ohne Belag – gelingen zwischen den beiden Grillplatten wunderbar. Gut und rasch funktioniert auch das Grillen von Fleisch; allerdings dürfen es nur flache Stücke sein. Vorsicht ist geboten, weil die Plattengriller rundum sehr heiß werden.

Frittiergeräte

Moderne Fritteusen verfügen über Geruchsfilter, Thermostat und Überhitzungsschutz. Der Drahteinsatz wird erst nach dem Schließen des Deckels ins heiße Öl gesenkt. So sind Sie geschützt und es gibt keine Fettspritzer. Nachteilig ist, dass die Geräte eine lange Aufheizzeit haben und Sie regelmäßig große Mengen Altöl entsorgen müssen. Da sich die Speisen stark mit Fett vollsaugen, ist häufiges Frittieren ohnehin nicht empfehlenswert. Wie bei den Einbaufritteusen (► Seite 68) gilt, dass ein normaler Topf mit Drahteinsatz und Deckel auf einer Herdplatte im Grunde den gleichen Zweck erfüllt.

Zumindest bei der Grundausstattung einer Küche verzichtbar sind Geräte wie **Eierkocher, elektrische Dosenöffner** und **Zitruspressen**. Sie alle haben natürlich nicht nur Nachteile: So verbraucht ein Eierkocher weniger Energie als ein Topf auf der Kochstelle. Es kommt aber stets auch darauf an, wie häufig Sie solche Geräte benutzen.

Mehr oder weniger verzichtbar sind des Weiteren **Tischbacköfen** und **-griller**. Sie können einen normalen Backofen keinesfalls ersetzen und ergänzen ihn meist auch nicht, denn ein mit Ober- und Unterhitze, Heißluft- und Grillfunktion ausgestatteter Backofen ist universell einsetzbar. Das Brathuhn gelingt ebenso wie die Pizza und das selbst gemachte Brot. Was das Brot betrifft, so lagen vor einiger Zeit **Brotbackautomaten** im Trend. Tatsache ist, dass sie eine Erleichterung darstellen und sich auch mit wenig Erfahrung gute Ergebnisse erzielen lassen. Die Anschaffung eines solchen platzraubenden Gerätes lohnt sich aber nur bei ständiger Benutzung. Nicht empfehlenswert sind die runden **Tisch-Heißluftöfen** (Magic Kitchens), weil deren Brat- und Backergebnisse nicht zufriedenstellen.

Foto: vampi/shutterstock

Materialien

Gefragt sind Strapazierfähigkeit und Pflegeleichtigkeit

Möbeloberflächen

In der Küche sind die Möbel härteren Belastungen ausgesetzt als in den Wohnräumen. Sie müssen deshalb besonders widerstandsfähig gegenüber Temperatur- und Feuchtigkeitsschwankungen sowie leicht zu reinigen sein.

Korpusse

Küchen, die komplett aus Massivholz bestehen, sind in der Minderzahl. Einige wenige Anbieter haben sich darauf spezialisiert, und auch beim Tischler können Sie auf Wunsch eine solche Massivholzküche bekommen. Das Holz selbst und seine Verarbeitung haben natürlich ihren Preis.

Auch hinter Vollholzfronten stecken meist Korpusse aus Spanplatten

Üblicherweise verbergen sich deshalb selbst hinter Vollholzfronten laminatbeschichtete Korpusse aus **Spanplatten** oder **MDF-Platten** (MDF = mitteldichte Faserplatte), die schon zugeschnitten an die Küchenhersteller geliefert werden. Beide Arten bestehen aus eigens hergestellten Holzspänen, die mit Leimharzen vermischt und unter hohem Druck zu 16 Millimeter starken Platten gepresst werden. MDF-Platten kosten um gut ein Drittel mehr, weil hochwertigere Hölzer zum Einsatz kommen und weil sie sorgfältiger verarbeitet werden. Ergebnis sind eine höhere Stabilität und eine längere Lebensdauer der gesamten Küchenkonstruktion.

Die **Melaminharzbeschichtung** des Innenraums ist zwar leicht zu reinigen und strapazierfähig, mit schwarzen Streifen – verursacht durch die Böden von Edelstahltöpfen und -pfannen – müssen Sie jedoch rechnen.

Fronten

Sofern es sich nicht um eine Vollholzfront handelt, besteht das Innenleben wie bei den Korpussen aus Span- oder MDF-Platten. Erhältlich sind außerdem **Mehrschichtplatten**: Dünne Holzplatten werden miteinander verleimt, und das Ganze wird nur auf

Mehrschichtplatten wirken durch die Abfolge von helleren und dunkleren Streifen

der Vorder- und Rückseite beschichtet. An den klar lackierten Kanten bleiben die einzelnen, abwechselnd helleren und dunkleren Holzschichten sichtbar. Mehrschichtplatten sind teurer als Spanplatten, aber günstiger als MDF-Platten. Für die Beschichtung der Fronten gibt es mehrere, meist miteinander kombinierbare Möglichkeiten:

Kunststoff-Folie

Hier unterscheidet man zwei Arten: Mit PVC-Folien beschichtete Fronten sind zwar pflegeleicht, verkratzen aber schnell. PVC-freie Folien hingegen kommen bei einigen Markenküchen zum Einsatz. Sie sind gleichfalls problemlos mit Wasser, Spülmittellauge oder Kunststoffreiniger abwischbar, aber deutlich strapazierfähiger. Die Kanten können fugenlos abgerundet werden. Die Designs reichen von einfarbig bis zur Holznachbildung.

Kunststoffbeschichtung

Weitverbreitet ist der preislich gleichfalls günstige Schichtstoff, auch bekannt als Melaminharzbeschichtung. Er besteht aus mit Kunstharzen imprägnierten Papierschichten und wird einfach auf die Trägerplatte aufgeklebt. Die Kanten können mit Holz- oder Kunststoff-Furnier beklebt oder an den Seiten abgerundet werden. Schichtstoff ist widerstandsfähiger als Folie, allerdings auch nicht hundertprozentig kratzfest. Schäden an der Oberfläche können nicht repariert werden. Auf dem Markt sind unzählige Designs erhältlich, von einfarbig über gemustert bis hin zu Holznachbildungen, denen man ihre künstliche Herkunft oft erst auf den zweiten Blick ansieht. Die Oberflächen können glatt oder strukturiert sein. Der Preis für Schränke mit Schichtstoff-Fronten liegt nur knapp über dem von folienbeschichteten Ausführungen.

Kunststoffbeschichtungen sind in einer Vielzahl von Designs erhältlich

PUR-Lack

Polyurethanlack wird für offen- und für geschlossenporige Lackierungen eingesetzt. Offenporig bedeutet, dass ein farbloser Lack zur Konservierung auf eine vorbehandelte Holzoberfläche gesprüht wird. Die Holzstruktur bleibt erhalten. Bei der geschlossenporigen Lackierung kommt ein farbiger Lack zum Einsatz. Die Lackschicht ist stärker und dadurch widerstandsfähiger und ergibt eine glatte oder leicht raue, glänzende oder matte Oberfläche. Matte Oberflächen können mitunter etwas stumpf wirken, glänzende Oberflächen reflektieren das Licht stärker, wodurch aber auch Flecken auffälliger sind. Eine PUR-Lack-Beschichtung ist problemlos zu pflegen, allerdings auch bei geschlossenporiger Lackierung nicht hundertprozentig kratzfest. Reparaturen können nicht vor Ort vorgenommen werden, weil die zwei Komponenten einen hohen Gehalt an krebserregenden aromatischen Kohlenwasserstoffen haben, die beim Aushärten in die Raumluft entweichen.

Holzfurnier

Von außen ist Holzfurnier nicht von Vollholz zu unterscheiden

Hier besteht nicht die gesamte Front aus Holz, sondern nur eine mehrere Millimeter starke, in der Regel lackierte Schicht – das Furnier. Es kann wie Vollholz gebeizt werden, strahlt die gleiche wohnliche Atmosphäre aus und dunkelt unter Lichteinwirkung ebenso etwas nach. Von außen ist nicht zu erkennen, dass es sich nicht um eine Vollholzausführung handelt. Auch die Sichtseiten von Korpussen werden bei Verwendung von furnierten Fronten bzw. Vollholzfronten mit Holzfurnier versehen.

Da es sich um einen natürlich gewachsenen Werkstoff handelt, gibt es verschiedene Arten, Hölzer gleicher Maserung zu kombinieren:

Furnierbild-Abwicklung. Schränke zeigen im Verlauf von links nach rechts ein annähernd gleiches Bild der Oberfläche. Das Furnier stammt aus einem Baum.

Satzweise Verarbeitung. Hier läuft das Furnierbild innerhalb eines Schrankes von oben nach unten durch.

Serienfertigung. Bei grober Furniersortierung ist mit gewissen „Farbspielen" zu rechnen.

Die Maserung ist manchmal einheitlicher als bei Vollholz, was mitunter monoton und etwas künstlich wirkt. Klar lackiertes Holzfurnier lässt sich leicht pflegen. Da die Lackschicht relativ dünn ist, hängt die Widerstandsfähigkeit gegen Kratzer und Dellen allerdings sehr von der Härte des Holzes ab. An schadhaften Stellen eindringende Feuchtigkeit kann das Furnier ablösen. Preislich gibt es zum Teil kaum noch einen Unterschied zu Vollholz- oder Schichtstoff-Fronten.

Bei Rahmentüren bestehen oft nur die Rahmen aus Vollholz, die etwas tiefer liegende Füllung hingegen ist furniert.

Neben den beschichteten Fronten gibt es folgende massive Ausführungen:

Vollholz

Wurde das Holz klar lackiert, besteht hinsichtlich der Pflege und Widerstandsfähigkeit kein Unterschied zu furnierten Fronten. Eine solche Vollholzküche kostet in der Regel um 40 bis 50 Prozent mehr als eine Küche mit Schichtstoff-Fronten. Fronten in Fichte-Vollholz sind sogar schon für den gleichen Preis wie Schichtstoff zu haben.

Anders liegt der Fall bei Küchen mit **geölten Oberflächen**. Diese findet man meist bei den sogenannten Bio-Küchen, die komplett aus Vollholz bestehen bzw. zum Teil mit Glas und Edelstahl kombiniert werden. Dem deutlich höheren Preis, der geringeren Widerstandsfähigkeit und dem erhöhten Pflegeaufwand (weil das Holz regelmäßig mit speziellem Wachs oder Leinöl eingelassen werden muss) steht die unvergleichbare, wohnliche Atmosphäre gegenüber. Geölte Oberflächen sind besonders empfindlich gegen Dunst, Fett, Zwiebelsaft und alle Arten von Säuren. Von Vorteil ist, dass kleine Kratzer selbst repariert werden können, indem man sie mit Schleifpapier anschleift und anschließend einölt. Tiefe Kratzer lassen sich allerdings kaum mehr beheben. Gängige Hölzer sind Erle, Birke, Ahorn, Buche und neuerdings Lärche und Kirsche.

Geölte Vollholzküchen strahlen eine besonders warme und wohnliche Atmosphäre aus. Die Oberflächen sind allerdings empfindlicher und pflegebedürftiger als bei anderen Materialien

Edelstahl (Nirosta)

Rostfreier Edelstahl ist an sich robust und leicht zu pflegen. Wasser hinterlässt allerdings Kalkflecken, wenn es nicht sofort entfernt wird. Auch Dellen lassen sich mit der Zeit kaum vermeiden, und die Oberflächen bekommen Kratzer. Sie gehören aber durchaus zum Charakter des Materials, sofern es sich nicht um polierte Oberflächen handelt. Edelstahlküchen strahlen Professionalität aus, es besteht allerdings die Gefahr, dass sie steril wirken oder an eine Werksküche erinnern. Edelstahl kann vor allem in Kombination mit anderen Materialien (besonders mit Holz und farbigem Schichtstoff) optisch sehr interessante Akzente setzen, auch dadurch, dass er das Licht sehr gut und farbneutral reflektiert. Ein einfacher Schrank mit Edelstahlfront ist teurer als beispielsweise die Ausführung mit PUR-lackierten MDF-Platten.

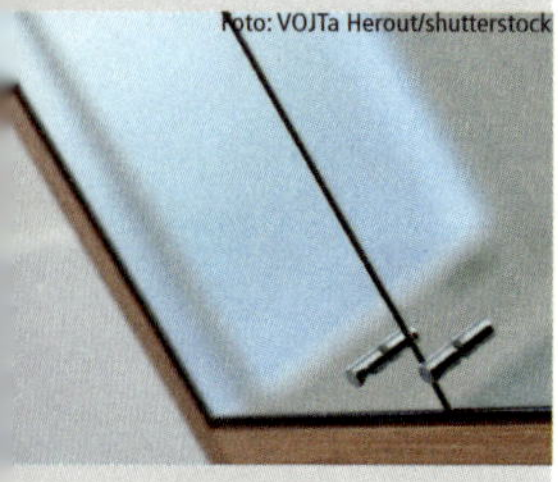

Glasfront im Detail

Glas

Als optischer Blickfang kommen verschiedene Glasarten zum Einsatz, meist in einem beschichteten Rahmen oder einem Vollholzrahmen, manchmal nur mit Aluminiumkanten. Das Glas kann klar oder in verschiedenster Weise bearbeitet sein. Glasschränke lockern eine Küchenzeile auf und bringen hübsches Geschirr zur Geltung.

Acryl

Der neueste Trend sind Fronten aus Acrylglas, deren Oberfläche so hochglänzend wie PUR-Lack ist. Das Material ist jedoch widerstandsfähiger als Lack und deutlich günstiger.

Arbeitsplatten

Die gängigen Arbeitsplatten haben eine Stärke von zirka 4 cm und eine Tiefe von 60 cm. Immer öfter findet man aber die neuen Maße von 6 cm Stärke und 70 cm Tiefe. Die Materialauswahl ist vielfältig, am häufigsten sind beschichtete Spanplatten. Auf Wunsch sind die meisten Arbeitsplatten mit Schwallrand lieferbar, um verschüttete Flüssigkeiten zurückzuhalten.

Schichtstoff

Es gilt das bereits auf ► Seite 85 zum Schichtstoff Gesagte. Beim Einsatz im Arbeitsbereich kommt als Nachteil hinzu, dass das Material nicht

Kantenausführung

Abgerundete Kanten aus dem gleichen Material und im gleichen Design sind die günstigste und praktischste (weil fugenlose) Lösung für kunststoffbeschichtete Arbeitsplatten. Optisch ansprechender sind freilich Anleimer aus Kunststoff oder Holz. Vor allem Letztere können sehr edel wirken. Manche sind sogar wie Mehrschichtplatten (► Seite 84f.) gestaltet. Der Nachteil ist allerdings, dass durch die unvermeidliche Fuge zwischen Schichtstoff und Anleimer unter Umständen Feuchtigkeit in die darunter liegende Spanplatte eindringen kann. Diese Gefahr lässt sich bannen, indem der Schichtstoff bis an den vorderen Rand gezogen wird, der Anleimer also an der Oberkante abgedeckt wird und nur mehr von vorne sichtbar ist. Was bleibt, ist die hohe Empfindlichkeit der Holzanleimer gegen Schnitte und Kratzer (z.B. auch durch Hosenknöpfe und Gürtelschnallen aus Metall).

Foto: yampi/shutterstock

Arbeitsplatten lassen sich den Gegebenheiten anpassen. Hier wurde zusätzliche Stellfläche hinter der Tür geschaffen. Ein 33 cm tiefer Oberschrank wurde zum Unterschrank umfunktioniert

schnittfest ist und keine extreme Hitze verträgt. Verwenden Sie daher immer Schneidbretter und Topfuntersetzer! Schichtstoff kann außerdem nicht fugenlos verarbeitet werden. Vor allem bei hellen Designs sind die Fugen dort sichtbar, wo zwei Platten aneinanderstoßen. An diesen Stellen besteht die Gefahr, dass Feuchtigkeit in die Spanplatte eindringt und sie irreparabel aufquellen lässt. Entfernen Sie verschüttete Flüssigkeiten daher umgehend! Gleiches gilt für den Spülenrand und die zur Wand weisende, nicht beschichtete Kante der Arbeitsplatte. Beide müssen gut mit Silikon abgedichtet werden.

Die Preise für kunststoffbeschichtete Arbeitsplatten hängen von der Kantenausführung ab: Abgerundete Schichtstoffkanten kosten weniger als angeleimte Holzkanten. Lieferbar sind aber auch beschichtete Ausführungen aus Mehrschichtplatten statt Spanplatten. Sie sind stabiler – z.B., wenn sie frei schwebend montiert werden –, aber auch teurer.

Corian

Das beliebig formbare Corian

Es handelt sich dabei um ein äußerst robustes und pflegeleichtes synthetisches Harzmaterial, das sich beliebig formen und völlig fugenlos verlegen lässt. Das gilt auch für den Spülenbereich (► Seite 58). Kratzer und hartnäckige Flecken können problemlos selbst ausgeschliffen werden. Wenn man die Oberfläche von Zeit zu Zeit mit der grünen Seite eines Abwasch-Schwammes bearbeitet, bleibt die Oberfläche wie neu. Im Vergleich zu Spanarbeitsplatten mit Schichtstoff ist Corian allerdings sehr teuer.

Vollholz (Massivholz)

Wie bei den Fronten kann bei Vollholz-Arbeitsplatten (Massivholzplatten) die Oberfläche mit einer schützenden Lackschicht versehen sein. Ihre Schnitt- und Kratzfestigkeit ist allerdings begrenzt. Messerschnitte können der Lackschicht dauerhaften Schaden zufügen; ebenso Flüssigkeiten, die nicht umgehend weggewischt werden.

Die teurere Lösung ist auch hier **geöltes Holz** mit allen bereits bei den Fronten genannten Vor- und Nachteilen (► Seite 87). Bei der Arbeitsplatte kommt hinzu, dass sie aufquellen kann, wenn sie häufig nass wird. Zu aggressive Reinigungsmittel schaden dem Holz. Auch beim Arbeiten auf einer Massivholzplatte sollten Sie ein Schneidbrett verwenden – nicht zuletzt aus hygienischen Gründen (z.B., wenn Sie rohes Fleisch schneiden).

Für **Hirnholzplatten** werden quaderförmige Holzstücke so miteinander verleimt, dass jeweils die Seiten mit den sichtbaren Wachstumsringen des Baumes oben liegen. Sie werden allerdings kaum als Küchenarbeitsplatten verwendet, da ihre Reinigung problematisch ist.

Edelstahl

Es gilt, was bereits bei den Fronten unter dem Punkt Edelstahl gesagt wurde (► Seite 87f.). Hinzu kommt im Arbeitsplatzbereich der Vorteil, dass Edelstahl hitzefest und hygienisch ist. Da das Material überdies sehr robust ist, kann man auch direkt darauf arbeiten. Bedingt durch den großen Arbeitsaufwand bei der Herstellung von Arbeitsplatten ist der Preis allerdings hoch.

Marmor

Marmorplatten sind ebenso edel wie empfindlich: Zwar ist das Material stoß- und kratzfest, aber alle Säuren hinterlassen auf der harten, glatten Oberfläche ihre Spuren, weil sie den Kalkstein leicht anätzen. Farbintensive Flüssigkeiten können in den Marmor eindringen und hässliche Flecken hinterlassen. Zerbrechliches wie Glas und Porzellan müssen Sie vorsichtig auf die harte Platte aufsetzen. Es gibt zwar die Möglichkeit der Versiegelung, sie kommt aber teuer.

Edel, aber empfindlich: Arbeitsplatten aus Marmor

Granit

Granit ist kratzfest, hitzebeständig und unempfindlich gegen Flecken. Er kann allerdings unter Umständen mit seinem hohen Gewicht die Küchenmöbel überlasten. Auch hier heißt es, mit Zerbrechlichem vorsichtig zu hantieren. Wie bei Edelstahl kann ohne Weiteres direkt auf der Platte gearbeitet werden. Preisangaben sind schwierig, weil der Stein auf Bestellung exakt zugeschnitten wird. Grundsätzlich gilt: Je dicker die Granitplatte, desto teurer ist sie.

Glas

Eine neue, edle Variante sind Arbeitsplatten aus Glas, das verschiedene Farben aufweisen und so in Ihrer Küche optische Akzente setzen kann. Der Werkstoff ist widerstandsfähig, hygienisch, pflegeleicht und auch wenig anfällig gegen Bruch. Gehobene Hersteller verarbeiten die Glasplatten auf einem Trägerrahmen aus Aluminium und bieten matt geätzte wie auch glänzende Oberflächen an, wobei matte Flächen noch strapazierfähiger sind.

Kompositstein

Eine Arbeitsplatte aus Kompositstein ist sehr widerstandsfähig

Dieses äußerst harte, dichte Material besteht zu 93 Prozent aus Quarz, dem Harz und Farbstoffe beigemengt sind. Es hat eine porenfreie und geschlossene Oberfläche, die nicht imprägniert werden muss. Die farbigen Arbeitsplatten verleihen jeder Küche einen individuellen Charakter und sind zudem sehr pflegeleicht. Aufgrund der weitgehenden Schnitt- und Kratzfestigkeit, der sehr hohen Hitzebeständigkeit und der Unempfindlichkeit gegenüber Fleckenbildung ist Kompositstein das ideale Material für Küchenarbeitsplatten.

Wandverkleidungen

Bei der Planung zu berücksichtigen ist auch die Art der Nischenverkleidung. Im Vordergrund sollte dabei nicht nur der optische Eindruck, sondern auch die Pflegeleichtigkeit stehen.

Fliesen

Fliesen sind die verbreitetste und preisgünstigste Lösung für die Nischenrückwand. Die Fliesen selbst sind pflegeleicht, die Fugen allerdings verstauben und sind schwer zu reinigen. Empfindlich sind unglasierte Kacheln, die sich durch Fettspritzer verfärben und für den

Fliesen verlegen

Für die Verlegung ist der Fliesenleger zuständig. Die Kosten dafür müssen Sie noch hinzurechnen, sofern Sie nicht selbst zum Fliesenkleber greifen. Die Verlegung erfolgt am besten vor der Küchenmontage, sie kann aber auch nachträglich ausgeführt werden. Davon abhängig wird entweder die komplette Wand (bis zur gewünschten Höhe) mit Fliesen verkleidet oder nur die Nische. Beide Lösungen haben keine speziellen Vor- oder Nachteile, außer dass für die Nischenverkleidung deutlich weniger Material notwendig ist, die Kücheneinrichtung jedoch beim Verlegen verschmutzt wird.

Foto: Lisa F. Young/shutterstock

Kochbereich daher nicht geeignet sind. Die Auswahl an Materialien und Dekors ist groß. Beliebt ist das Einfügen einzelner Fliesen mit Dekor zwischen einfarbigen, um größere Flächen zu beleben oder Ränder farblich abzusetzen.

Glas

Nischenverkleidungen aus Glas sind sehr dekorativ und leicht zu reinigen, (Fett-)Spritzer sind darauf aber deutlich zu sehen. Beim Aufprall eines harten Gegenstandes kann das Material zerspringen. Die Platten werden mit Rahmenkonstruktionen an der Wand befestigt. Das Glas an sich ist zwar nicht teuer, Zuschnitt und Bearbeitung können die Kosten jedoch mitunter verdoppeln.

Schichtstoff

Die Qualitäten von Schichtstoff wurden im Detail bereits bei den Fronten und Arbeitsplatten abgehandelt (► Seiten 85 und 88f.). Ein Nachteil ist, dass der Übergang zwischen Arbeitsfläche und Wand nicht fugenlos erfolgen kann und durch ein Wandabschlussprofil verdeckt werden muss. Im Laufe der Jahre kann Feuchtigkeit in das Trägermaterial eindringen, wodurch sich die Platten ablösen und aufquellen. Schäden an der Oberfläche können, wie bereits erwähnt, nicht repariert werden.

Foto: Gr8/shutterstock

Spritzschutz

Die Küchenwände müssen nicht unbedingt durchgehend mit ein und demselben Material verkleidet werden. Wichtig ist, dass Sie für den Kochbereich eine hitzebeständige und einigermaßen pflegeleichte Lösung wählen. Am besten geeignet sind Edelstahl, Granit, Glas und Fliesen. Bei Letzteren verschmutzen allerdings die Fugen.

Corian

Der Vorteil von Corian (► Seiten 58 und 90) ist die fugenlose Verlegung.

Edelstahl

Edelstahl (► Seiten 87 und 91) kann für die Wandverkleidung als dünnes Blech verwendet werden. Stärkere Stahlbleche werden mithilfe einer Rahmenkonstruktion befestigt. Ein Nachteil aller Metalloberflächen ist, dass (Fett-)Spritzer besonders stark sichtbar sind.

Granit

Teuer, aber widerstandsfähig: Arbeitsplatten aus Granit

Wegen seiner hohen Hitzebeständigkeit ist eine Wandverkleidung aus dünnen Granitplatten ideal für den Kochbereich. Wie bei den Arbeitsplatten aus Granit (► Seite 91) gibt es auch hier eine große Preisspanne. Granit kann gut mit Arbeitsplatten aus anderen Materialien kombiniert werden.

Kompositstein

Die Vorzüge des harten, widerstandsfähigen Stoffes wurden schon bei den Arbeitsplatten herausgestrichen (► Seite 92). Weil es schmutzabweisend und pflegeleicht ist, eignet sich das Material auch gut für Wandverkleidungen.

Bodenbeläge

Der Bodenbelag muss bereits vor der Küchenmontage verlegt werden. Er sollte farblich auf die Küchenmöbel abgestimmt, unbedingt strapazierfähig und möglichst pflegeleicht sein. Das gilt vor allem für den Arbeits- und Kochbereich.

Linoleum

Der klassische und preisgünstige Bodenbelag aus Naturmaterialien erlebt eine Renaissance, wenn auch häufig unter anderen Namen, wie beispielsweise „Marmoleum". An sich pflegeleicht, muss Linoleum häufig gewischt und mit Pflegemitteln eingelassen werden. Die Auswahl an Farben und Mustern ist begrenzt. Herabfallende spitze oder scharfkantige Gegenstände hinterlassen Spuren.

Das altbewährte Linoleum ist unter anderen Namen wieder im Kommen

Schaumpolsterbeläge

Diese aus PVC bestehenden Beläge gibt es in unzähligen Designs. Sie sind pflegeleicht, aber empfindlich, da sie nur eine dünne Oberschicht besitzen. Sie werden von der Rolle geschnitten und sind ebenfalls preisgünstig.

Vergrößern und trennen

Bei Küchen, die offen an einen Wohnbereich grenzen, sollte der Bodenbelag mit jenem des anderen Zimmers farblich harmonieren. Kleine Küchen wirken großzügiger, wenn der Bodenbelag vom Nebenraum durchgehend verlegt wird (z.B. versiegelte Holzböden). Bei Wohnküchen ist hingegen die optische Trennung von Koch- und Wohnbereich durch unterschiedliche Bodenbeläge meist sinnvoll. Der Übergang zwischen zwei Belägen lässt sich durch Leisten schön gestalten. Bei Insellösungen bietet sich auch die Errichtung eines Podestes an.

Foto: SUPACHART/shutterstock

Kunststoff-Fliesen

Flexible PVC-Fliesen (z.B. DLW „Scala" oder KARNDEAN „Domestic") sind im Gegensatz zu den Schaumpolsterbelägen sehr strapazierfähig und pflegeleicht. Die Auswahl an Designs ist groß. Die Holznachbildungen unterscheiden sich rein optisch kaum von Laminatböden (► Seite 97), sie sind sogar stärker belastbar und dabei dünner. Auch verschüttete Flüssigkeiten können ihnen nichts anhaben.

Teppich

Ein Teppich im Arbeitsbereich verschmutzt schnell und nutzt sich rasch ab

Ein herkömmlicher Teppichboden ist gerade noch für den Essplatz akzeptabel. In den anderen Küchenbereichen ist er unhygienisch, wird wegen unvermeidbarer Flecken bald unansehnlich und nutzt sich rasch ab. Für Teppich in der Küche sprechen bestenfalls seine Schall- und Wärmedämmungseigenschaften.

Flotex

Dieser niederflorige, extrem strapazierfähige und abwaschbare Belag aus Kunstfasern ist eine empfehlenswerte Alternative zum Teppich. Er kann in Bahnen oder in Fliesen verlegt werden. Für diese Vorteile müssen Sie allerdings etwas tiefer in die Tasche greifen.

Holz

Holzböden passen sowohl in rustikale als auch in moderne Küchen. Sie sind allerdings nicht sehr strapazierfähig, egal ob Schiffboden oder Parkett. Einerseits nutzt sich die Versiegelung mit der Zeit ab und muss dann vollständig abgeschliffen und erneuert werden, andererseits hinterlassen herabfallende Gegenstände, Stöckelschuhe und metallene Sesselbeine Dellen. Werden Flüssigkeiten verschüttet, besteht die Gefahr, dass sie in nicht vollständig versiegelte Fugen eindringen und das Holz aufquillt.

Laminat (Melamin)

Das Angebot an Laminatböden beschränkt sich nicht auf Holznachbildungen. Auch einfarbige oder gemusterte Designs und Steinnachbildungen in den verschiedensten Varianten (z.B. Marmor) sind erhältlich. Laminat ist nicht grundsätzlich widerstandsfähiger als Holz. Die Beanspruchbarkeit der einzelnen Produkte ist – je nach ihrem Einsatzbereich – unterschiedlich. Kratzer sind auch hier nicht zu vermeiden. Herabfallende spitze oder scharfkantige Gegenstände können die Oberfläche irreparabel beschädigen. Ist Laminat abgenutzt, kann es nicht wie Holzböden abgeschliffen und neu versiegelt werden, sondern es muss ausgetauscht werden. Auch bei Laminat besteht die Gefahr, dass Flüssigkeiten in die Fugen eindringen und die als Trägerschicht fungierende Holzfaserplatte aufquellen lassen.

Kork

In die Fugen eindringendes Wasser gefährdet Laminat und Korkparkett ebenso wie Holz

Den guten Wärme- und Schalldämmungseigenschaften und dem günstigen Preis stehen die geringe Strapazierfähigkeit und die starke Fleckenanfälligkeit gegenüber. Im Küchenbereich muss Kork daher auf jeden Fall versiegelt werden. Farbe, Struktur und Muster herkömmlicher Korkfliesen sind eher eintönig, die Auswahl ist begrenzt. Außerdem besteht die Gefahr, dass sich die Fliesen an den Ecken werfen.

Eine andere Verarbeitungsform von Kork ist das Korkparkett. Wie bei Holzfertigparkett und Laminat sind die einzelnen „Bretter" mit Nut und Feder ausgestattet. Die Oberfläche ist glatt lackiert, relativ pflegeleicht und widerstandsfähig. Vorsicht ist allerdings auch hier vor in die Fugen eindringendem Wasser geboten. Die Quadratmeterpreise für Korkparkett liegen deutlich höher als jene für Korkfliesen.

Fliesen

Wie bei den Wandfliesen (► Seite 92) empfehlen sich für den Boden rund um die Arbeitsbereiche glasierte Ausführungen, die es in großer Auswahl

Foto: holbox/shutterstock

Auswählen und kombinieren

Die Materialien für eine Küche, in der ja in erster Linie gearbeitet werden soll, können nicht ausschließlich nach optischen Gesichtspunkten gewählt werden. Robustheit und Pflegeleichtigkeit spielen eine große Rolle. Hier haben nun einmal Metall, Schichtstoff, Lack & Co die Nase vorn. Natürlich sollen Sie nicht gegen Ihre Überzeugung handeln. Als reizvoller Kompromiss bietet es sich an, in den einzelnen Bereichen – je nach voraussichtlicher Beanspruchung – unterschiedliche Materialien (etwa Holz, Schichtstoff und Edelstahl) gezielt zu kombinieren. Spielerisch kombinieren können Sie aber auch, um Akzente zu setzen und optische Eintönigkeit zu vermeiden, sei es mit unterschiedlichen Materialien, sei es ganz einfach durch Einsatz des gleichen Materials in verschiedenen Farben. Oft genügt es schon, Gesimse und Lichtblenden in einem anderen Ton zu wählen. Verwenden Sie jedoch besonders auffällig gefärbte Elemente nur sparsam. Dasselbe gilt für dunkle Farben: Während zu viele dunkle Oberflächen eintönig wirken, können sie bei gezieltem Einsatz die Leuchtkraft heller oder bunter Elemente betonen. Helle Töne lassen kleine Räume optisch größer wirken.

gibt. Sie sind leicht zu pflegen und unempfindlich gegen Flecken, können beim Aufprall harter Gegenstände aber splittern. Achtung: Manche Fliesenböden werden bei Nässe gefährlich rutschig. Wählen Sie deshalb grundsätzlich Fliesen mit einer möglichst rutschfesten Oberfläche. Für größere Räume sind aus rein optischen Gründen große, schlichte Fliesen zu empfehlen.

Terrakottafliesen

Terrakottaböden schaffen wohnliche Atmosphäre im Essbereich

Die unglasierten Lehmfliesen sind für die Arbeitsbereiche weniger geeignet, da sie trotz der nachträglich aufgebrachten Wachsschicht schwer zu pflegen und fleckenanfällig sind. Wie bei anderen Fliesenarten besteht auch hier die Gefahr, dass sie beim Aufschlag von harten Gegenständen brechen oder splittern. Im Essbereich allerdings sorgen Terrakottafliesen – in einer Vielzahl von Farben, Formen und Strukturen – für eine wohnliche Atmosphäre. Im Laufe der Zeit entwickeln neue Terrakottaböden die gleiche schöne Patina wie alte.

Granit

Granit ist besonders strapazierfähig, wasser- und hitzefest. Das Material ist allerdings schwer, kalt und hart. Und das Begehen mit festem Schuhwerk verursacht Lärm. Hinunterfallende Gläser gehen mit Sicherheit zu Bruch. Polierte Oberflächen sollten Sie wegen der Rutschgefahr meiden. Wie bei den Arbeitsplatten (► Seite 91) gibt es eine große Preisspanne, abhängig von Qualität und Herkunft.

Marmor und Kalkstein

Achtung: Rutschgefahr bei Granit- und Marmorböden

Marmorböden sind zwar an sich hart und strapazierfähig, verschüttete Flüssigkeiten und vor allem Säuren hinterlassen jedoch Flecken. Außerdem ist Marmor nicht rutschfest. Die strapazierfähigere Alternative ist Kalkstein (Limestone). Imprägniert und mit seidenmatt geschliffener Oberfläche ist er weitgehend säurebeständig.

Schiefer

Auch Schiefer ist strapazierfähig und – im Gegensatz zu Marmor – wasserabweisend. Unpolierte Schieferböden sind allerdings anfällig für Kratzer.

Planung und Einkauf

Foto: Yuri Arcurs/shutterstock

Eine gute Planung ist die beste Voraussetzung für einen reibungslosen Einkauf

Küchenanbieter

Für den Kauf einer Einbauküche gibt es vier Möglichkeiten

Sofern Sie nur einen einfachen Küchenblock erwerben wollen, dessen Aussehen, Ausstattung und Größe ohnehin festgelegt sind (► Seite 15), erweisen sich große Möbelhäuser und Baumärkte als die richtige Adresse. Modulküchen (► Seite 17) wiederum werden meist von Küchenstudios des jeweiligen Herstellers und erst allmählich auch von Möbelhäusern angeboten.

Bedenken Sie bei Ihrer Wahl, dass Sie an der neuen Kücheneinrichtung viele Jahre lang Freude haben wollen. Die Beratungsqualität sollte auch ein wichtiger Punkt bei der Kaufentscheidung sein.

Möbelhäuser

Sie haben die größte Auswahl an Marken, Modellen und Ausstellungsstücken. Die Beratungsqualität variiert allerdings ziemlich, manchmal sogar zwischen den einzelnen Beratern derselben Firma. Häufig gibt es auch Mankos bei der Kundennachbetreuung, und Lieferprobleme sind keine Seltenheit. Das Gesagte lässt sich natürlich nicht verallgemeinern – es gibt auch unzählige zufriedene Möbelhauskunden. Aber je individueller Sie Ihre Küche gestalten wollen, desto eher werden Sie in einem Möbelhaus an die Grenzen des Machbaren stoßen.

Küchenstudios

Der Küchenkauf in einem Studio ist noch lange keine Garantie, dass alles reibungslos klappt. Meist ist hier aber die Kundenbetreuung viel persönlicher. Und die Berater nehmen sich mehr Zeit, um zur optimalen Küchenlösung zu finden. Häufiger als in den Möbelhäusern treffen Sie hier auf professionelle Berater, die weit mehr können, als nur Standardgrundrisse zu entwerfen. Die Markenvielfalt ist in großen Studios durchaus umfangreich, die Verkäufer kennen ihre Produkte in- und auswendig. Sonderwünsche sollten kein wirkliches Problem darstellen. Vielfach sind die Küchenstudios auch in der Lage, ausgestellte Geräte vorzuführen.

Tischler

Die Markenküchen der großen Hersteller sind heute so individuell gestaltbar und den Vorgaben des Raumes anpassbar, dass eigentlich kein Grund besteht, einen Tischler mit der Anfertigung einer Maßküche zu beauftragen – außer, Sie wünschen etwas Extravagantes. Auch ist es für viele Tischler schwierig, die gleiche Qualität wie große Markenhersteller zu einem wettbewerbsfähigen Preis anzubieten. Manche mögen zwar gute Handwerker sein, verstehen aber wenig von der Küchenplanung. Es empfiehlt sich daher, solche Tischlereien aufzusuchen, die sich auf Küchen spezialisiert haben, oder die Küche von einem Innenarchitekten entwerfen zu lassen.

Anbieter von Selbstbaumöbeln

Niedrige Preise nur bei Selbstmontage

Obwohl es sich um Maßmöbel handelt, können Sie hier keine ausgefallenen Küchenlösungen erwarten. Eine intensive und fachlich kompetente Beratung ist eher die löbliche Ausnahme. Maß nehmen müssen Sie meist selber. Die Preise sind zwar niedrig, allerdings nur, wenn Sie die Möbel selber abholen und montieren. Und die Selbstmontage ist nicht immer so einfach, wie es die Anbieter versprechen. Einige Firmen bieten deshalb – gegen Preisaufschlag – einen umfangreicheren Service an.

Die Qualität der einzelnen Bestandteile kann mit jener von Markenküchen oft nicht mithalten: So verfügen die Schubladenführungen in der Regel über keinen Vollauszug und sie sind wesentlich einfacher aus-

Eigenbau

Die Materialien für eine komplett selbstgebaute Küche kann man zwar in jedem gut sortierten Baumarkt bekommen, darüber hinaus sind dafür aber viel Zeit und handwerkliches Geschick notwendig. An die Qualität und Robustheit einer maschinengefertigten Markenküche wird der Eigenbau allerdings kaum herankommen, und auch hinsichtlich der Kosten wird er sich kaum rentieren.

Foto: viki2win/shutterstock

geführt. Die Scharniere sind weniger stabil, die Kanten der Arbeitsplatten bestehen häufig aus Kunststoff. Und auch die Innenausstattung ist weniger variabel und nicht so stabil.

Der Besuch beim Küchenberater

Es empfiehlt sich, gut vorbereitet zum Küchenberater (oder Tischler) zu gehen. Beachten Sie dabei folgende Punkte:

- Sie sollten bereits einigermaßen konkrete Vorstellungen von ihrer zukünftigen Küche haben. Das betrifft deren Funktion innerhalb der Wohnung, die gewünschten Einrichtungselemente, die Materialien und die Anordnung der einzelnen Arbeitsbereiche. Orientieren Sie sich dabei an den Kapiteln 1 bis 4 in diesem Buch, besorgen Sie sich Prospekte und schauen Sie sich Ausstellungsstücke an. Fertigen Sie zur Veranschaulichung Skizzen an. Abänderungen sind immer möglich und auch wahrscheinlich, aber mit einer guten Grundlage ist sowohl Ihnen wie auch dem Berater gedient.
- Nehmen Sie einen Plan Ihrer Wohnung bzw. Ihres Hauses zur Beratung mit, in dem die Lage der Küche, die Position von Türen, Fenstern, Mauernischen, Heizkörpern sowie die Lage aller vorhandenen Steckdosen, Schalter, Gas-, Strom-, Wasseranschlüsse und des Abluftschachtes eingetragen sind. Messen Sie alles möglichst

Foto: Andy Dean Photography/shutterstock

Rechtzeitig planen

Sobald der Wohnungsgrundriss feststeht und Sie die genauen Maße haben, können und sollten Sie mit der Küchenplanung beginnen, um nicht in Terminprobleme bei der Lieferung zu geraten. Es ist durchaus üblich, die Küche bis zu einem Jahr vor der Lieferung zu bestellen. Produziert wird sie ohnehin erst innerhalb der letzten sechs bis acht Wochen vor der tatsächlichen Lieferung, weshalb Terminverschiebungen bis dahin kein großes Problem sein sollten. Achtung: Haben Sie die Einbaugeräte bei einem anderen Händler bestellt, müssen Sie spätestens dann auch die genauen Gerätenummern bekannt geben, da der Küchenhersteller die Maße kennen muss (▶ Seite 72)!

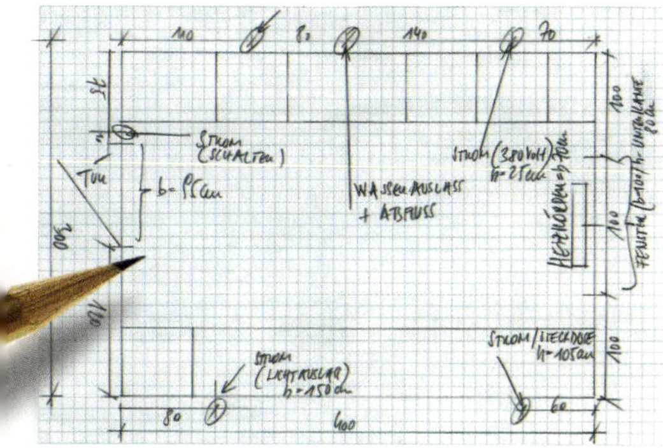

genau aus (Höhe, Breite, Tiefe) und tragen Sie die Werte in den Plan ein. Wenn Sie den Plan selber zeichnen, verwenden Sie am besten Millimeterpapier (Maßstab 1 : 20 für kleine Küchen und 1 : 50 für große Küchen; die großen Quadrate darauf entsprechen in beiden Fällen einem Quadratmeter, die kleinen jeweils zehn Quadratzentimetern).

- Überlegen Sie schon im Vorhinein, was Ihnen sehr wichtig ist und wo Sie Abstriche von Ihren Wunschvorstellungen zu machen bereit sind.

Ein guter Küchenberater wird dann

- Ihren Bedarf erheben (Familiengröße, Kochgewohnheiten, vorhandene Räumlichkeiten);
- auf Ihre Wünsche eingehen;
- alternative Lösungen anbieten, ohne sie Ihnen aufzudrängen;
- im Falle der Auftragserteilung vor der Reinzeichnung der Pläne zu Ihnen in die Wohnung kommen und nochmals Maß nehmen. Den Blick für wichtige Details hat nur der Fachmann. Außerdem trägt er dann die Verantwortung für Irrtümer und Fehler bei der Ausführung.

Erst vergleichen, dann wählen

Bevor Sie sich für einen bestimmten Berater entscheiden, sollten Sie zumindest drei verschiedene Firmen und Personen aufsuchen und sich von ihnen beraten lassen. Lassen Sie sich nicht von eindrucksvollen dreidimensionalen und farbigen Küchendarstellungen am PC täuschen. Nur der Vergleich mit anderen Beratern bringt die Fähigkeiten und Beratungsqualitäten der jeweiligen Person ans Tageslicht. Außerdem wird jeder von ihnen neue – brauchbare wie unbrauchbare – Ideen in Ihre Küchenplanung einbringen.

Foto: Urostom/shutterstock

Da Sie in der Regel nach dem ersten Beratungsgespräch keine Pläne bekommen, sollten Sie danach umgehend aus dem Gedächtnis eine Skizze anfertigen bzw. die Änderungen in Ihre Skizze eintragen – sofern Sie nicht wenigstens eine (computergenerierte) Ansichtsskizze bekommen haben, die Ihnen einige Anhaltspunkte für weitere Überlegungen gibt.

Die Preisgestaltung der Küchenhersteller

Die angegebenen Küchenpreise sind in der Regel Festpreise. In Kaufhäusern, Mitnahmemärkten und großen Möbelhäusern gibt es fast keinen Spielraum für Preisnachlässe. Lediglich bei Ausstellungsstücken kann man über den Preis noch verhandeln, weil der Händler in der Regel interessiert ist, den Platz im Verkaufsraum für neue Modelle freizumachen.

In Küchenstudios oder Einrichtungshäusern kann man über die Preise noch verhandeln

Wer allerdings vom Küchenstudio oder Einrichtungshaus eine komplett mit Einbaugeräten bestückte, individuell zusammengestellte Einbauküche für etliche Tausend Euro kaufen und installieren lassen will, kann den Endpreis oft nach unten „abrunden". Oder Sie lassen sich die Ausstattung aufwerten und bekommen z.B. Metallfronten statt lackierter Fronten für die Einbaugeräte oder edlere Griffe für Türen und Schubladen. Auch die Vereinbarung einiger „Gratis-Extras" wie etwa Besteckeinsätze, Abfalleimer oder eine zusätzliche Arbeitsplatzbeleuchtung ist möglich. Der Verhandlungsspielraum hängt hier oft wesentlich von den „Pokerqualitäten" des Kaufinteressenten ab.

Hierzulande ist es in Einzelfällen noch üblich, zwischen Listen- und Verkaufspreisen zu unterscheiden, teilweise schier unglaubliche Rabatte für bestimmte Elemente zu bieten und immer wieder zeitlich befristete Aktionen auszurufen. Das ist im Grunde eine Täuschung der Kunden. Denn die Rabatte werden vorher einfach auf den Nettopreis aufgeschlagen, um sie danach werbewirksam wieder abzuziehen. Tatsache ist auch, dass kaum eine dieser Küchen von den Kunden zum (angeblichen) Normalpreis gekauft wird, vielmehr dann, wenn sie gerade in Aktion ist. Unter dem Strich kommt sie dann trotzdem annähernd gleich teuer wie die Modelle anderer Hersteller, die von vornherein den Nettopreis angeben. Fazit: Nur der endgültige Verkaufspreis für die komplette Küche ist aussagekräftig, alles andere sind Zahlenspielereien.

Checkliste Küchenplanung

Hier können Sie sich noch einmal vergewissern, dass Sie bei der Planung Ihrer neuen Küche nichts übersehen oder vergessen haben. Die Liste dient gleichzeitig als übersichtliche Vorbereitung für Planung und Einkauf.

Umbauarbeiten

Welchen Küchentyp wollen Sie?

❒ Arbeitsküche ❒ Essküche ❒ Wohnküche

Ist eine räumliche Verlegung notwendig? ❒ ja ❒ nein

Bei größeren baulichen Veränderungen brauchen Sie:

	ja	nein
Baubehördliche Bewilligung	❒	❒
Zustimmung der Hausverwaltung	❒	❒
Bewilligung des Rauchfangkehrers	❒	❒

Sind in diesen Bereichen Veränderungen vorgesehen?

	ja	nein
Türen	❒	❒
Fenster	❒	❒
Wände	❒	❒
Böden	❒	❒
Gasanschluss	❒	❒
Auslass für Dunstabzugsrohr	❒	❒
Wasseranschlüsse und -abflüsse für		
Spüle	❒	❒
Geschirrspüler	❒	❒
Waschmaschine	❒	❒
Sonstiges (z.B. Dampfdruckgarer)	❒	❒
Elektroanschlüsse für		
Kochmulde (380 Volt)	❒	❒
Backofen	❒	❒
Geschirrspüler	❒	❒
Mikrowelle	❒	❒
Dampfdruckgarer	❒	❒
Kühlschrank	❒	❒

Checkliste Küchenplanung

Gefrierschrank/-truhe	❐	❐
Dunstabzug (in etwa 2 m Höhe)	❐	❐
Steckdosen (Arbeitsbereich)	❐	❐
Auslässe für Beleuchtung	❐	❐
Steckdosen (Staubsauger)	❐	❐

Kostenvoranschlag 1: ....Euro
Kostenvoranschlag 2: ....Euro
Kostenvoranschlag 3: ....Euro
Gesamtkosten Umbau/Änderungen: ....Euro

Grundriss der Kücheneinrichtung

❐ einzeilig ❐ zweizeilig ❐ L-förmig ❐ U-förmig
❐ Kochinsel ❐ Spülinsel ❐ Vorbereitungsinsel
❐ Insellösung
  ❐ frei stehend ❐ mit Verbindung zur Küchenzeile
❐ integrierter Essplatz
❐ gesonderter Essplatz
  ❐ Tisch ❐ Bar

Küchengeräte (Stand-, Einbau- oder Unterbaugeräte)

❐ Kühlschrank ❐ Gefrierschrank
❐ Gefriertruhe ❐ Kühl-Gefrier-Kombination
❐ Mehrzonenkühlgerät
❐ Herd mit Kochmulde und Backofen
❐ Separater Backofen
❐ Kochmulde
  ❐ Gaskochstellen
  ❐ Gas-Glaskeramik
  ❐ Elektrokochplatten
  ❐ Elektroglaskeramik
    ❐ Heizwendel ❐ Flachband ❐ Induktion
❐ Mikrowelle
❐ Dampfgarer
❐ Dunstabzug
  ❐ Umluftbetrieb

❐ Abluftbetrieb
  ❐ Gebläse an der Außenmauer ❐ Gebläse in Kamin
❐ herkömmliche Bauform (sichtbar)
❐ Flachschirmhaube (in Oberschrank integriert)
❐ Edelstahlausführung (Esse)

❐ Geschirrspüler
  ❐ 45 cm ❐ 60 cm

❐ Spüle (Breite: … cm)
  ❐ mit Abtropffläche
  ❐ mit zweitem Becken
  ❐ mit zweitem (großen/kleinen) Becken und Abtropffläche
  ❐ zusätzlicher Resteausguss
  ❐ Abwurfschacht für Biomüll

❐ Kleingeräte (Rührgerät, Küchenmaschine, Kaffeemaschine usw.)
  ……………………………………………………………………………………

Einrichtungsdetails

Checkliste Küchenplanung

❐ Unterschränke
  ❐ mit Fachbrettern ❐ mit Innenauszügen
  ❐ mit Schubladen und Auszügen

❐ Gerätehochschränke
  ❐ Backofen ❐ Mikrowelle ❐ Kühlschrank
  ❐ Gefrierschrank ❐ Geschirrspüler

❐ Apothekerschrank

❐ Vorratsschrank

❐ Großer Auszug für Töpfe
  ❐ in eigenem Unterschrank ❐ unter der Kochmulde

❐ Rolloschrank (Aufsatzschrank)

❐ Eck-Spülenschrank

❐ Topf-/Drehkarussell

❐ Auszug für Putzmittel im Spülenschrank

❐ Drehauszug

❐ Mülltrennsystem

❐ Gewürzauszug

❐ Handtuchhalter

❐ Allesschneider im Unterschrank/Nischenbereich

❐ Ausziehtisch

- ❒ Deckenablage
- ❒ Abwurfschacht für Biomüll
- ❒ Kochmulde abgesenkt
- ❒ Spüle angehoben
- ❒ Unterschiedlich hohe Arbeitsflächen
- ❒ Sitzarbeitsplatz

Materialien

Fronten

❒ Kunststoff-Folie	❒ Schichtstoff	❒ PUR-Lack
❒ Holzfurnier	❒ Vollholz	❒ Edelstahl
❒ Glas	❒ Acryl	

Arbeitsflächen

❒ Schichtstoff	❒ Corian	❒ Vollholz
❒ Edelstahl	❒ Marmor	❒ Granit
❒ Glas	❒ Kompositstein	

Wand

❒ Fliesen	❒ Glas	❒ Schichtstoff
❒ Corian	❒ Edelstahl	❒ Granit
❒ Kompositstein		

Boden

❒ Linoleum	❒ Schaumpolster	❒ PVC-Fliesen
❒ Teppich	❒ Flotex	❒ Holz
❒ Laminat	❒ Kork	❒ Fliesen
❒ Terrakotta	❒ Granit	❒ Marmor/Kalkstein
❒ Schiefer		

Spüle

❒ Email	❒ Edelstahl	❒ Kunststoff
❒ Corian	❒ Keramik	❒ Granit

- ❒ Bestätigung des Herstellers, dass von den Materialien keine gesundheitsschädlichen Emissionen ausgehen.

Rechtliches

Foto: oriori/shutterstock

Über seine Rechte und Pflichten als Kunde Bescheid zu wissen ist insbesondere bei teuren Anschaffungen nützlich

Planung und Kostenvoranschläge

Damit die neue Küche nicht zur Kostenfalle wird, ist ein umsichtiges Vorgehen schon in der Planungsphase ratsam.

Kostenlose Beratung

Normalerweise ist die Beratung kostenlos und unverbindlich

Für die Beratung im Möbelhaus, im Küchenstudio oder beim Tischler gibt es keine gesetzliche Regelung, was den Umfang, den Service und die Kosten betrifft. In der Regel ist sie kostenlos und unverbindlich, auch wenn dabei eine erste Grundrisszeichnung erstellt und/oder eine Ansicht der Fronten skizziert wird.

Bei Einbauküchen errechnet der Berater auf Basis der Herstellerangaben für alle Komponenten den Listenpreis, der üblicherweise Planung, Lieferung und Montage einschließt (zu den Tischlerküchen siehe Abschnitt „Kostenvoranschläge")(► Seite 113).

Ob Sie den tatsächlichen Kaufpreis (Listenpreis minus allfällige Rabatte) ebenfalls gleich erfahren, hängt vom Berater ab, aber auch davon, wie konkret das Gespräch verlaufen ist und wie geschickt Sie verhandelt haben.

Wenn Sie sich nicht zur Auftragserteilung entschließen, verbleiben die Zeichnungen normalerweise beim Verkäufer. Nach Vertragsabschluss erhalten Sie eine Reinzeichnung mit Details zu den Küchenmöbeln und zu den erforderlichen Elektro-, Gas- und Wasserinstallationen. Einzelne, zumeist exklusivere Küchenstudios hingegen lassen sich die Planungsarbeit grundsätzlich bezahlen und händigen den Interessenten dafür sofort die Reinzeichnungen aus.

Fragen kostet nichts

!

Erkundigen Sie sich vor dem Gespräch, ob die Beratung kostenlos ist und welche Leistungen sie umfasst. Unterschreiben Sie nichts, solange Sie nicht ausdrücklich einen Auftrag erteilen wollen.

Kostenvoranschläge

Anders als bei den Einzelteilen von Einbauküchen aus Serienproduktion müssen die Preise von umfangreicheren zusätzlichen Sonderanfertigungen bzw. von Tischlerküchen erst vom Unternehmer berechnet werden. Auf Kundenwunsch erstellt er anhand der voraussichtlichen Material- und Arbeitskosten einen Kostenvoranschlag. Dieser sollte unbedingt schriftlich vorgelegt werden und eine genaue Aufstellung der vom Unternehmer zu erbringenden Leistungen sowie deren Kosten enthalten.

Bestehen Sie auf einem schriftlichen Kostenvoranschlag

Im verbindlichen Kostenvoranschlag legt sich der Anbieter ausdrücklich auf die angegebenen Preise und Leistungen fest, im unverbindlichen Kostenvoranschlag gibt er keine Gewährleistung für die Richtigkeit.

Ein Kostenvoranschlag ist dann unverbindlich, wenn ausdrücklich darauf hingewiesen wird. Dieser Hinweis sollte schon im Titel des Schriftstücks zum Ausdruck kommen. Allerdings kann es auch sein, dass bereits die Art des Kostenvoranschlags auf seine Unverbindlichkeit hinweist, z.B., wenn „Zirka-Preise" angegeben oder Formulierungen wie „abgerechnet wird nach dem Naturmaß" verwendet werden.

Der Unternehmer darf beim unverbindlichen Kostenvoranschlag geringe Kostenüberschreitungen in Rechnung stellen. Erst bei größeren Überschreitungen (ab 10 bis 15 Prozent über dem angegebenen Preis) muss er Sie sofort benachrichtigen. Dann können Sie den Mehrkosten zustimmen oder den Vertrag auflösen. Die bis zu diesem Zeitpunkt erbrachten Leistungen müssen Sie allerdings bezahlen. Nur wenn der Unternehmer seine Warnpflicht vernachlässigt hat, erhalten Sie die Ware zum ursprünglich angegebenen Preis.

Unverbindlichkeit als Kostenfalle

Bestehen Sie auf verbindlichen Kostenvoranschlägen, die auch sämtliche Nebenarbeiten berücksichtigen. Die Abrechnung nach dem tatsächlichen Aufwand und Materialverbrauch, Kostensteigerungen oder falsche Berechnungen können beim unverbindlichen Kostenvoranschlag den Endpreis empfindlich in die Höhe treiben.

!

An den verbindlichen Kostenvoranschlag hingegen muss sich der Unternehmer unbedingt halten, selbst wenn er sich bei seinen Berechnungen geirrt hat oder unerwartete Kostensteigerungen auftreten. Achtung: Ist der Grund für die Mehrarbeit Ihnen als Besteller – etwa wegen nachträglicher Änderungswünsche – zuzurechnen, so kann der Unternehmer diese Kosten zusätzlich verlangen! Das bedeutet aber nicht, dass der Kostenvoranschlag in den übrigen Punkten nicht mehr gilt.

Ein Kostenvoranschlag ist nur dann kostenpflichtig, wenn der Unternehmer zu Beginn darauf hingewiesen hat

Grundsätzlich ist die Erstellung von Kostenvoranschlägen gratis. Wenn dies nicht der Fall sein sollte, muss Sie der Unternehmer zu Beginn ausdrücklich auf die Entgeltlichkeit hingewiesen haben. Unabhängig davon kann er Ihnen besondere Vorarbeiten wie die Anfertigung von Plänen in Rechnung stellen.

Kaufverträge

Ein Kaufvertrag ist mehr als nur reine Formsache. Deshalb sollten Sie seinem Inhalt besondere Beachtung schenken.

Vertragsformen

Das Gesetz schreibt für den Abschluss von Kaufverträgen keine besondere Form vor (ausgenommen beim Ratenkauf) (► Seite 118). Handelt es sich um sogenannte Mitnahmemöbel oder Elektrogeräte, die Sie gleich ins Auto laden und selber nach Hause transportieren, erhalten Sie als Beleg für den gezahlten Kaufpreis einen Kassenzettel. Der Kaufvertrag selbst wird nur mündlich abgeschlossen. Auch solche Verträge sind für Verkäufer wie Käufer bindend und begründen die gleichen Rechte und Pflichten wie ein schriftlicher Vertrag (z.B. „Gewährleistung“) (► Seite 122).

Beim Kauf kompletter Küchen und/oder Gerätesets – die im Normalfall erst bestellt werden müssen – ist jedoch die Schriftform üblich und auch empfehlenswert. Nur so lassen sich die getroffenen Vereinbarungen bei eventuellen Unstimmigkeiten später beweisen.

Allgemeine Geschäftsbedingungen (AGB)

Üblicherweise händigt ein Unternehmer seinen Kunden Vertragsformulare aus, die von ihm selbst vorformulierte Allgemeine Geschäftsbedingungen (AGB) enthalten. Klein gedruckt – und oft auf der Rückseite des Formulars versteckt – dienen diese vertraglichen Regelungen mitunter dazu, die Käuferrechte zu beschneiden.

Dem hat aber der Gesetzgeber in Österreich mit § 6 des Konsumentenschutzgesetzes (KSchG) und den §§ 864a und 879 Abs. 3 des Allgemeinen Bürgerlichen Gesetzbuches (ABGB) einen Riegel vorgeschoben. Einzelne Vertragsklauseln sind unwirksam, wenn sie sich mit den Schutzvorschriften nicht vereinen lassen. An ihre Stelle treten die für den Verbraucher günstigeren gesetzlichen Regelungen. Auch alle Vereinbarungen, die Sie mit dem Verkäufer individuell treffen (und schriftlich festhalten), können durch die AGB nicht außer Kraft gesetzt werden.

Einzelne Vertragsklauseln sind unwirksam, wenn sie den gesetzlichen Schutzvorschriften widersprechen

Die gesetzlichen Vorschriften gelten auch für den Fall, dass Sie die AGB bei Vertragsabschluss ungelesen mitunterschreiben. Grundsätzlich muss Sie der Verkäufer jedenfalls vor Ihrer Unterschriftsleistung mündlich oder schriftlich (und zwar deutlich sichtbar auf dem Formular) auf seine AGB hinweisen und Ihnen die Möglichkeit einräumen, diese einzusehen. Nur dann werden sie auch tatsächlich Inhalt des Vertrages. Unwirksam sind in der Regel sogenannte Schriftformklauseln, durch deren Verwendung manche Händler die Gültigkeit mündlicher Zusagen ausschließen wollen.

Erst lesen, dann unterschreiben

Lesen Sie die AGB vor Vertragsabschluss in Ruhe durch. Sie müssen für Laien verständlich formuliert sein. Wenden Sie sich bei Unklarheiten an eine Konsumentenschutzorganisation, z.B. an den VKI.

!

Zustandekommen des Vertrags

Rechtlich gesehen geben Sie durch Ihre Unterschriftsleistung nur ein schriftliches Angebot ab, das vom Unternehmer noch angenommen

Schriftlich statt mündlich

Auch mündliche Zusagen des Unternehmers oder seiner Vertreter sind wirksam. Aus Beweisgründen sollten Sie sie jedoch in den schriftlichen Vertragstext aufnehmen lassen. Wichtig ist z.B., bis zu welchem Zeitpunkt Änderungswünsche noch kostenlos berücksichtigt werden können.

werden muss. Meist werden Sie durch Vertragsabschlussklauseln für eine bestimmte Frist an Ihre Bestellung gebunden, während derer der Verkäufer sich den Vertragsabschluss noch einmal überlegen kann. Erst wenn er innerhalb der vereinbarten Frist Ihre Bestellung schriftlich bestätigt oder die Ware liefert, kommt der Kaufvertrag zustande. Dies wird von der Rechtsprechung grundsätzlich erlaubt, solange die Bindungsfrist nicht unangemessen lang ist, also nicht deutlich über mehrere Wochen hinausgeht.

Nur in speziellen Fällen ist der Vertrag sofort „unter Dach und Fach" und damit rechtsverbindlich:

- beim Mitnahmekauf
- wenn der Verkäufer die Vertragsurkunde ebenfalls sofort unterzeichnet
- wenn das Formular keine Geschäftsbedingungen oder keine Abschlussklausel enthält

Ist der Vertrag einmal verbindlich abgeschlossen, gibt es kaum noch ein Zurück. Nachträglichen Stornierungswünschen der Kunden begegnen die Firmen mit unterschiedlicher Kulanz. Die anfallenden Kosten hängen stark davon ab, wie viel Arbeitszeit bereits in den Auftrag investiert wurde, wie viele Subunternehmen involviert sind sowie davon, ob und wie weit die Produktion vorangeschritten ist.

Vertragsinhalt

Je detaillierter die schriftlichen Angaben im Vertrag sind, desto besser. Unbedingt enthalten sein sollten:

Die Küche im Detail

Anders als bei den Geräten ist die detaillierte Auflistung der Küchenbestandteile samt Preisen speziell beim Kauf von Einbauküchen eher unüblich. Die Möbel finden sich nur auf der Planzeichnung wieder. Bei der Überprüfung der Lieferung und im Reklamationsfall kann eine solche Liste jedoch hilfreich sein. Es ist deshalb ratsam, den Verkäufer darum zu bitten.

!

- der vollständige Name und die Adresse der Firma
- der vollständige Name und die Wohnadresse des Kunden
- die Lieferadresse (falls nicht mit der Wohnadresse identisch)
- die genaue Bezeichnung des Vertragsgegenstandes: Modellname/Modellnummer, Materialien und Farbe der Küche sowie die Nummern und Preise der einzelnen Geräte (► Kasten oben: „Die Küche im Detail“)
- der Endpreis
- die Höhe der Anzahlung
- die Fälligkeit des Restbetrags (Summe, Termin)
- der Liefertermin (Kalenderwoche oder besser: der genaue Tag, sofern vonseiten des Kunden bereits festlegbar)
- der Umfang der vom Unternehmer durchzuführenden Leistungen (z.B. Lieferung bis in die Wohnung und Montage)
- eventuelle Sonderanfertigungen, die Garantie für eine Nachkaufmöglichkeit, zusätzliche Montagearbeiten usw.

Anzahlung

Sowohl beim Küchen- als auch beim Gerätekauf verlangen die meisten Firmen bei Vertragsunterzeichnung eine Anzahlung als Sicherheit. Sie ist entweder gleich in bar oder innerhalb einer bestimmten Frist per Banküberweisung zu begleichen. An sich ist das legitim. Für Sie als Kunde besteht allerdings das Risiko, dass Sie vorerst keine Gegenleistung erhalten und im Insolvenzfall um Ihr Geld fürchten müssen („Konkurs und Ausgleich“) (► Seite 122).

Maß nehmen lassen

Auch wenn Sie noch so genau nachgemessen haben: Bestehen Sie darauf, dass der Küchenberater vor Vertragsunterzeichnung in Ihre Wohnung kommt und selbst die Maße aufnimmt. Nur dann muss er die Gewährleistung für die Richtigkeit der Angaben übernehmen.

Über die Anzahlung verhandeln

Mit einer Anzahlung in Höhe von 10 Prozent ist dem Sicherungsinteresse des Händlers Genüge getan. Verlangt er mehr, versuchen Sie, ihn herunterzuhandeln. Sonst verzichten Sie besser auf den Vertragsabschluss.

Die Höhe der Anzahlung ist – ausgenommen beim Ratenkauf – frei bestimmbar. Üblich sind 10 Prozent des Kaufpreises bei den Geräten und 10 bis 30 Prozent bei den Küchen. Auf eine Anzahlung von mehr als 10 Prozent sollten Sie sich allerdings nicht einlassen.

Sonderfall Ratenkauf

Seit 11.6.2010 finden sich im Verbraucherkreditgesetz (VKrG) neue Bestimmungen dazu. Diese Regelungen kommen aber nur zur Anwendung, wenn der Ratenkauf selber entgeltlich ist, der Kunde also für das Faktum, dass er den Kaufpreis nicht sofort entrichten muss, etwas Zusätzliches zu leisten hat. Ist z.B. der Barzahlungspreis (das ist jener Preis, der bei sofortiger Zahlung zu leisten wäre) gleich hoch wie die vereinbarte Summe der Raten, dann gelten die nachfolgend angeführten Regelungen nicht. Hier die wichtigsten Neuerungen:

- Der Kunde hat bei einem Ratenkauf in der Regel ein Rücktrittsrecht – innerhalb von 14 Tagen, meist ab Abschluss des Vertrages, und zwar ohne Angabe von Gründen. Erhält der Kunde die Vertragsbedingungen aber erst später, dann beginnt die Frist mit diesem Zeitpunkt zu laufen.

- Weiters hat der Kunde das Recht auf vorzeitige Rückzahlung, wobei sich in diesem Fall die zu zahlenden Zinsen und ebenso die laufzeitabhängigen Kosten entsprechend verringern müssen.
- Bereits vor Abschluss des Vertrages sind dem Kunden die sog. Europäischen Standardinformationen auszuhändigen, die die wichtigsten Informationen enthalten (§ 6 VKrG). Auch der Vertrag selbst muss einen bestimmten Mindestinhalt aufweisen (§ 9 VKrG).

Lieferverzug

Erbringt einer der Vertragspartner seine Leistung nicht ordnungsgemäß zum vereinbarten Zeitpunkt, so gerät er in Verzug. Der Kunde, wenn er nicht zeitgerecht zahlt; der Unternehmer, wenn er nicht liefert oder die gelieferte Ware mangelhaft ist. Zwar lässt sich solchen Unwägbarkeiten nicht vorbeugen, es ist aber möglich, rasch für klare Verhältnisse zu sorgen.

Fälligkeit

Zunächst stellt sich die Frage, wann genau die Erbringung der Leistung fällig war. Die Antwort ist eindeutig, wenn ein bestimmter Tag oder zumindest eine Kalenderwoche vereinbart wurde. Bei der vagen Formulierung „prompte Lieferung" oder bei fehlender Vereinbarung wird es notwendig sein, den Liefertermin mit einem eingeschriebenen Brief festzusetzen. Wenn keine Vereinbarung zur Lieferung getroffen wurde, kann die Leistung theoretisch sofort abgerufen werden. Jedoch ist im Möbelhandel nicht zu erwarten, dass eine Firma von heute auf morgen liefern kann.

Termin präzise festlegen

Eine Lieferzeitvereinbarung mit dem Zusatz „zirka" oder „ca. X Wochen" ist ungenau und damit Auslegungssache. Legen Sie den Liefertermin genau auf einen Tag oder eine Kalenderwoche fest.

!

Nicht ordnungsgemäße Lieferung

Pünktliche Lieferung ist noch nicht alles: Stellen Sie bei der Übergabe der Ware offensichtliche Mängel fest oder weicht die Lieferung von Ihrer Bestellung ab, können Sie die Übernahme verweigern. Teillieferungen müssen Sie nicht akzeptieren. Der Unternehmer gerät in allen diesen Fällen in Verzug. Begründen Sie Ihre Weigerung schriftlich in einem eingeschriebenen Brief oder mit einem Vermerk auf dem Lieferschein, z.B. „Keine Annahme der Einbauküche, weil folgende Mängel festgestellt wurden: ..." (zum Stichwort Mängel siehe Abschnitt „Gewährleistung") (► Seite 122).

Ware genau prüfen

Prüfen Sie die Ware bei Übergabe genau auf Mängel. Vergleichen Sie Küchenmöbel und Gerätenummern mit den Angaben auf Vertrag und Plan. Wenn Sie Abweichungen von der Bestellung feststellen, sollten Sie die Übernahme verweigern.

Mahnung, Nachfrist und Rücktritt

Unabhängig davon, ob den Unternehmer ein Verschulden am Verzug trifft, können Sie von ihm – am besten mit eingeschriebenem Brief – die Erfüllung des Vertrages bis zu einem bestimmten Termin verlangen. Setzen Sie ihm also eine angemessene Nachfrist. Sie können, wenn Sie an einer späteren Vertragserfüllung kein Interesse haben, auch gleich Ihren Vertragsrücktritt für den Fall erklären, dass er die Frist ungenutzt verstreichen lässt. Die Rücktrittserklärung ist ein oft sehr wirksames Druckmittel. Musterbriefe dazu finden Sie am Ende des Kapitels.

Hält Ihr Vertragspartner die Nachfrist nicht ein, können Sie auch auf Erfüllung klagen. Hier empfiehlt es sich allerdings, zuvor den Rat einer Konsumentenschutzorganisation einzuholen.

Während der Nachfrist muss es dem Schuldner möglich sein, die Leistung nachzuholen, nicht aber, erst dann mit den Leistungsvorberei-

Zahlung zurückbehalten

Liefert der Unternehmer nicht bzw. falsche, unvollständige oder mangelhafte Ware, können Sie die Restzahlung bis zur vollständigen Vertragserfüllung zurückbehalten (Zurückbehaltungsrecht). Dies gilt auch für ausstehende Teilzahlungsbeträge, sofern der Kauf- und der Kreditvertrag für den Käufer wie für den Finanzierer (Unternehmer, Hausbank des Unternehmers) eine wirtschaftliche Einheit bilden. Nehmen Sie statt beim Händler oder seiner Bank bei Ihrer Hausbank ein Darlehen auf, ist die wirtschaftliche Einheit zwischen Kauf- und Kreditvertrag nur dann gegeben, wenn die Darlehensaufnahme im Kaufvertrag vermerkt wird. Letzteres ist üblich, wenn die Bank den Kaufpreis direkt an den Unternehmer überweist.

tungen zu beginnen. Eine Lieferung nach Fristablauf müssen Sie nicht akzeptieren. Reagiert der Unternehmer jedoch umgehend auf Ihr Schreiben und verlangt aus plausiblen Gründen eine angemessene Fristverlängerung, so müssen Sie ihm diese gewähren.

Oft sehen die AGB eines Unternehmers vor, wie lang die vom Kunden zu setzende Nachfrist dauern soll. Daran sollten Sie sich orientieren, sofern diese Frist nicht unangemessen lang ist und nicht offensichtlich eine Verzögerungstaktik darstellt. Für „unangemessen" gibt es zwar keine genaue zeitliche Festlegung, nach Auffassung der Rechtsprechung müssen Kunden aber eine achtwöchige Nachfrist keinesfalls hinnehmen.

Durch den Rücktritt vom Vertrag werden Sie von der eigenen Leistungsverpflichtung befreit. Bereits geleistete Zahlungen können Sie samt gesetzlichen Zinsen (derzeit: vier Prozent p.a.) ab dem Tag der Zahlung zurückfordern. Hat der Vertragspartner den Verzug überdies verschuldet, können Sie zusätzlich Schadenersatz verlangen. Dies kann nach einem

Angemessene Nachfrist

Üblicherweise sollte eine Nachfrist von zwei Wochen ausreichen. Im Möbelhandel können jedoch – angesichts der allgemein längeren Lieferzeiten – Fristen von drei bis vier Wochen angemessen sein. Letztlich sind die Umstände des Einzelfalls ausschlaggebend.

Konkurs und Ausgleich

Wenn keine Leistungen mehr erbracht werden oder das Firmentelefon abgeschaltet wurde, müssen Sie annehmen, dass ein Unternehmen, mit dem Sie in vertraglicher Beziehung stehen, in Konkurs oder Ausgleich ist. Erkundigen Sie sich in diesem Fall beim zuständigen Konkursgericht – üblicherweise das Landesgericht, in dessen Amtsbereich das Unternehmen betrieben wird –, ob ein Insolvenzverfahren anhängig ist. Wird dies bestätigt, sollten Sie folgende Daten erfragen:

- den Tag der Eröffnung des Konkursverfahrens
- die Geschäftszahl
- Name und Anschrift des Masse- bzw. Konkursverwalters
- die Frist für die Anmeldung von Forderungen
- das Datum der Gläubigerversammlung
- das Datum der Prüfungstagsatzung

Kontaktieren Sie anschließend zur Abklärung der weiteren Vorgangsweise eine Verbraucherschutzorganisation.

Rücktritt etwa jener Mehrbetrag sein, den Sie bezahlen müssen, um dieselbe Ware bei einem anderen Händler zu kaufen. Bestehen Sie weiterhin auf Erfüllung des Vertrags, können Sie nur nachweisbare finanzielle Schäden aus der Verspätung der Leistung geltend machen. Keinen Schadenersatz gibt es für jene Stunden (Freizeit, Urlaub), die Sie selber zu Hause mit dem vergeblichen Warten auf die Lieferung verbracht haben. Haben Sie hingegen jemanden fürs Warten bezahlt (etwa Ihre Haushaltshilfe), bekommen Sie diese Kosten ersetzt.

Gewährleistung und Garantie

Das Gewährleistungsrecht findet Anwendung beim Kauf von neuen und gebrauchten Produkten sowie bei Leistungen, die beispielsweise von Handwerkern erbracht werden, also bei Kauf- und bei Werkverträgen. Die Bestimmungen sind im Allgemeinen Bürgerlichen Gesetzbuch (ABGB) und im Konsumentenschutzgesetz (KSchG) festgehalten.

Die Gewährleistungsfrist beträgt für bewegliche Sachen zwei Jahre, für unbewegliche Sachen, wie etwa eine Etagenheizung oder einen verklebten Teppichboden, drei Jahre. Mangels eines einschlägigen Gerichtsurteils zählen Einbauküchen derzeit zu den beweglichen Sachen.

Gewährleistung ist nicht gleich Garantie

Die Gewährleistung ist das gesetzlich verankerte und vertraglich nicht einschränkbare Recht des „Übernehmers" (= Käufer, Kunde), vom „Übergeber" (= Händler, Unternehmer) die kostenlose Behebung von Produktmängeln zu verlangen. Eine Garantie ist ein vertraglich eingeräumtes, freiwilliges Versprechen des Herstellers (seltener des Händlers), für Mängel einzustehen, die während der Garantiezeit auftreten. Das muss nicht bedeuten, dass alle Garantieleistungen kostenlos sind. Genaueres finden Sie im Kleingedruckten.

Nur die Gewährleistung ist gesetzlich verankert

Wann ist eine Sache mangelhaft?

Laut Gesetz muss die Sache (Ware, Dienstleistung) „dem Vertrag entsprechen". Das bedeutet,

- dass die Sache die gesondert vereinbarten oder die gewöhnlich vorausgesetzten Eigenschaften haben muss. Beispielsweise muss ein Kochtopf der Hitze standhalten und aus einem Radio muss Musik ertönen.
- dass die Sache der Beschreibung (etwa durch den Verkäufer), einer Probe oder einem Muster, wie Sie es beispielsweise im Möbelhaus gesehen haben, entsprechen muss.
- dass die Sache der Natur des Geschäftes oder der getroffenen Verabredung gemäß verwendet werden kann. Beispiel: Ein Sofa muss aushalten, dass Sie regelmäßig darauf sitzen.

Darüber hinaus können öffentliche Äußerungen wie Prospekte, Werbeaussagen oder Gebrauchsanleitungen des Übergebers, des Herstellers

Gewährleistung durch den Hersteller?

Trotz der Gewährleistungspflicht der Händler ist es in der Praxis meist so, dass Sie beim Auftreten von behebbaren Mängeln an Elektrogeräten schon von Beginn an automatisch an den Kundendienst des Herstellers verwiesen werden. Der Grund dafür: Nur wenige, kleinere Elektrofachhändler haben heute noch eine angeschlossene Service- und Reparaturwerkstätte. Die großen Elektrofachmärkte und natürlich auch die Küchenhändler müssen zwangsläufig den Ball weiterspielen. Lassen Sie sich in einem solchen Fall (am besten schriftlich) im Vorhinein vom Kundendienst bestätigen, dass die notwendigen Arbeiten kostenlos durchgeführt werden, dass also weder Arbeits- noch Anfahrts- noch Materialkosten verrechnet werden.

und des Importeurs in den EU-Raum herangezogen werden, um die Vertragsgemäßheit zu beurteilen.

Die Mangelvermutung

Auftretende Mängel möglichst rasch beim Übergeber reklamieren

Die Gewährleistung betrifft nur Mängel, die schon zum Zeitpunkt der Übergabe der Sache – wenn auch nicht sichtbar – vorhanden waren. Innerhalb von sechs Monaten nach der Übergabe gilt zugunsten des Käufers grundsätzlich die Vermutung, dass der Mangel bereits bei der Übergabe bestanden hat. Ist der Übergeber anderer Meinung, so muss er das Gegenteil beweisen. Keine Gewährleistung besteht für offenkundige Mängel, die deutlich ins Auge stechen und durch den Kauf- oder Vertragsabschluss von Ihnen akzeptiert werden, sowie für Mängel, die durch offensichtliche Fehlbehandlung entstehen.

Die Mangelbehebung

Grundsätzlich haben Sie dem Übergeber gegenüber vier Wahlmöglichkeiten:

- Verbesserung (Reparatur)

- Austausch
- Preisminderung
- Wandlung (Vertragsauflösung: „Ware zurück – Geld zurück")

Der Gesetzgeber schreibt aber vor, dass Sie – unabhängig von der Art des Mangels – zunächst nur zwischen Verbesserung und Austausch wählen können. Preisminderung oder Wandlung können Sie verlangen, wenn

- die Verbesserung oder der Austausch unmöglich ist;
- die Verbesserung oder der Austausch für den Übergeber einen unverhältnismäßig hohen Aufwand darstellen würde (z.B. einen Anfahrtsweg von mehreren Hundert Kilometern);
- der Übergeber die Verbesserung oder den Austausch verweigert;
- der Übergeber die Verbesserung oder den Austausch nicht in angemessener Frist vornimmt (wobei „angemessen" nicht definiert ist, sondern von der Sache, dem Mangel, der Branche, der Saison usw. abhängt);
- die Verbesserung oder der Austausch für Sie mit erheblichen Unannehmlichkeiten verbunden wäre (beispielsweise umfangreiche Stemmarbeiten oder Transportschwierigkeiten aufgrund der Sperrigkeit der Sache);
- die Verbesserung oder der Austausch Ihnen aus triftigen Gründen, die in der Person des Übergebers gelegen sind, nicht zumutbar ist.

Bei geringfügigen Mängeln (die beispielsweise nicht die Funktion beeinträchtigen, sondern ein optisches Problem sind) ist die Wandlung ausgeschlossen.

Der Ort der Gewährleistung

In erster Linie muss der Übergeber seiner Gewährleistungspflicht am Erfüllungsort nachkommen, also dort, wo Sie als Käufer die Ware übernommen haben. In zweiter Linie ist der Ort der Gewährleistung der übliche Aufenthaltsort der Sache, und zwar dann, wenn sich dieser Ort im Inland befindet, seine Lage für den Übergeber nicht überraschend ist

Montagemängel

Das Gewährleistungsrecht berücksichtigt auch Montagefehler: Wenn beispielsweise der Handwerker laut Vertrag zur Montage der Sache verpflichtet war, dann haftet er – verschuldensunabhängig – für einen bei der Montage verursachten Mangel. Ebenso inkludiert ist die Gewährleistung für Mängel, die bei Selbstmontage eintreten, und zwar dann, wenn die unsachgemäße Montage durch Sie als Übernehmer auf einen Fehler in der Montageanleitung zurückzuführen ist.

und Ihnen nach der Art der Sache die Beförderung zum Übergeber nicht zuzumuten ist. Dies trifft vor allem zu, wenn die Sache sperrig, gewichtig oder durch Einbau unbeweglich geworden ist.

Richtlinien für Garantieerklärungen

Hersteller müssen folgende Angaben in ihre Garantieerklärungen aufnehmen:

- Hinweis auf das Bestehen gesetzlicher Gewährleistungsrechte
- Name und Anschrift des Garanten
- Inhalt, Geltungsbereich und Geltungsdauer der Garantie
- alle sonstigen Angaben, die für die Inanspruchnahme der Garantie notwendig sind

Schadenersatz statt Gewährleistung

Statt Gewährleistung können Sie auch Schadenersatz begehren, und zwar bei Mängeln, die der Übergeber schuldhaft herbeigeführt oder vor Übergabe der Sache nicht beseitigt hat. Wie bei der Gewährleistung können Sie zunächst Austausch oder Verbesserung und erst in zweiter Linie Geldersatz verlangen. Das Ergebnis ist das gleiche. Interessant ist vor allem, dass Sie Schadenersatz innerhalb von drei Jahren ab Kenntnis von Schaden und Schädiger begehren können, während die zweijährige Gewährleistungsfrist ab Übergabe der Sache zu laufen beginnt.

Richtig reklamieren

Telefonisch lässt sich zwar vieles besprechen, wenn es aber darum geht, Ihre Ansprüche geltend zu machen, ist ein eingeschriebener Brief die weitaus bessere Wahl. Wichtig ist, dass Sie rasch handeln sowie folgende Grundregeln für Ihren Schriftverkehr beachten:

- Fassen Sie sich kurz: Versuchen Sie, Ihren Standpunkt auf den Punkt zu bringen; vermeiden Sie weitschweifige Erklärungen und die Aufzählung aller Umstände.
- Werden Sie sich klar darüber, welche rechtlich durchsetzbaren Konsequenzen Sie mit Ihrem Schreiben erreichen wollen.
- Nennen Sie im Betreff alle Daten, die zur raschen Zuordnung Ihres Schreibens dienen (Rechnungs-, Bestell-, Auftrags-, Kunden- oder Kontonummer).
- Machen Sie von jedem Brief eine Kopie und heben Sie diese zusammen mit dem Postaufgabeschein („eingeschriebene Briefsendung") gut auf.

Ausgewählte Musterbriefe

Auf den nächsten Seiten (► Seite 128 ff) finden Sie drei Musterbriefe, an denen Sie sich bei Ihrem Schriftverkehr orientieren können.

Karl Käufer
Einkaufsstraße 10
9000 Kaufhausen

Holzbauer GmbH
Erzeugerweg 20
8000 Holzstätten Kaufhausen, 16.3.2011

Betrifft: Bestellung einer Einbauküche vom 7.1.2011
Nachfrist – Bestellnummer 7777

Sehr geehrte Damen und Herren,

am 7.1.2011 habe ich in Ihren Schauräumen die Lieferung und Montage einer „Holzbauer"-Einbauküche, „Birke natur", zu einem Kaufpreis von X Euro bestellt und X Euro Anzahlung geleistet. Mit Schreiben vom 1.3.2011 habe ich Ihnen eine Lieferfrist bis zum 15.3.2011 eingeräumt. Diese Lieferfrist ist inzwischen ungenutzt verstrichen. Damit befinden Sie sich im Lieferverzug. Ich setze Ihnen daher nunmehr eine angemessene Nachfrist von drei Wochen bis spätestens 6.4.2011. Sollte auch dieser Termin ungenutzt verstreichen, erkläre ich bereits jetzt meinen Rücktritt vom Kaufvertrag. Für diesen Fall fordere ich die Rückzahlung der Anzahlung samt vier Prozent Zinsen seit dem Tag der Zahlung. Außerdem weise ich Sie darauf hin, dass ich in diesem Fall die Einbauküche bei einem anderen Händler beschaffen würde. Sollten daraus Mehrkosten entstehen, so würde ich von Ihnen die Differenz aus dem Titel des Schadenersatzes verlangen. Ich ersuche Sie, mich wegen eines konkreten Liefertermins telefonisch unter Tel. 09999 999 99 zu kontaktieren.

Mit freundlichen Grüßen

Karin Käuferin
Kaufweg 25
9000 Kaufhausen

Holzbauer GmbH
Erzeugerweg 20
8000 Holzstätten Kaufhausen, 16.3.2011

Betrifft: Montage einer Einbauküche – Auftragsnummer 6666
Mängelrüge – Aufforderung zur Verbesserung

Sehr geehrter Herr Holzbauer,

die von mir bei Ihrer Firma gekaufte „Holzbauer"-Einbauküche, „Birke natur", wurde am 15.3.2011 geliefert und in meiner Wohnung montiert. Inzwischen musste ich folgende wesentliche Mängel feststellen:

- Die Arbeitsplatte liegt nicht eben auf den Unterschränken auf, wodurch ein deutlich sichtbarer Spalt entsteht.
- Die Türgriffe zweier Unterschränke und eines Oberschrankes wurden auf der falschen Seite montiert, wodurch sich die Türen nicht öffnen lassen.

Ich fordere Sie daher auf, die gerügten Mängel innerhalb von 14 Tagen bis spätestens 30.3.2011 zu verbessern. Andernfalls würde ich eine Verbesserung durch Sie ablehnen und die Verbesserungsarbeiten durch ein anderes gewerberechtlich befugtes Unternehmen vornehmen lassen. Die Mehrkosten aus dieser Ersatzvornahme würde ich Ihnen als Schadenersatz anlasten. Solange Sie der Verbesserung nicht nachkommen und sämtliche Mängel beheben, mache ich von meinem Zurückbehaltungsrecht Gebrauch und werde keine weiteren Zahlungen erbringen.

Mit freundlichen Grüßen

Sabine Sucher
Einkaufsstraße 34
9000 Kaufhausen

Holzbauer GmbH
Erzeugerweg 20
8000 Holzstätten — Kaufhausen, 25.1.2011

Betrifft: Kaufvertrag über Küchen-Einbaugeräte vom 7.1.2011
Rechnung Nr. 12345
Verbesserungsverzug – Nachfrist – Rücktritt

Sehr geehrter Herr Holzbauer,

am 7.1.2011 habe ich bei Ihnen Küchen-Einbaugeräte gekauft, darunter einen Kühlschrank der Marke „Dauerfrost“, Type 6789Z, zum Einzelpreis von X Euro. Mit Schreiben vom 10.1.2011 habe ich einen Mangel an der Temperaturregelung gerügt und Verbesserung bis spätestens 24.1.2011 verlangt. Bis heute haben Sie jedoch das Gerät weder ausgetauscht noch durch Reparatur in einen mangelfreien Zustand versetzt. Ich setze Ihnen daher eine angemessene Nachfrist von 14 Tagen bis spätestens 8.2.2011 zur Verbesserung der gerügten Mängel. Sollte die Frist ungenutzt verstreichen, erkläre ich schon jetzt meinen Rücktritt vom Vertrag und fordere für diesen Fall die Rückzahlung des Kaufpreises zuzüglich vier Prozent Zinsen seit dem Tag der Zahlung. Ich weise Sie auch darauf hin, dass ich in diesem Fall den Kühlschrank bei einem anderen Händler beschaffen würde. Von Ihnen würde ich dann als Schadenersatz die Differenz zu dem möglicherweise höheren Preis einer anderen Firma verlangen.

Mit freundlichen Grüßen

Service

Adressen
Literatur
Stichwortverzeichnis

Allgemein

Der Verein für Konsumenteninformation (VKI) bietet unter anderem Beratung und Hilfestellung in Rechts- und Finanzierungsfragen. Wenn Sie sich persönlich an das VKI-Beratungszentrum in Wien oder an die Landesstelle Tirol (Innsbruck) wenden wollen, vereinbaren Sie bitte zuvor telefonisch einen Termin.

Beim Auftreten gravierender Mängel an Ihren Küchenmöbeln können Sie diese bei der Holzforschung Austria prüfen lassen. Diese Prüfung ist kostenpflichtig und rentiert sich nur in schwerwiegenden Fällen, etwa wenn Sie eine Klage gegen den Küchenhersteller oder -lieferanten einbringen wollen.

Gleiches gilt für das Heranziehen von Sachverständigen, deren Adressen Sie beim jeweiligen Landesverband der allgemein beeideten gerichtlichen Sachverständigen Österreichs erhalten.

Davor können Sie sich zwecks Beratung und Klärung der Sachlage an den VKI wenden!

Verein für Konsumenteninformation (VKI)

Mariahilfer Straße 81, 1060 Wien
Tel. 01 588 770 Fax 01 588 77-71
E-Mail: konsument@vki.at www.konsument.at
Öffnungszeiten VKI-Beratungszentrum Wien: Mo–Fr 9–18 Uhr

Maximilianstraße 9, 6020 Innsbruck
Tel. 0512 586878 Fax 0512 563322
E-Mail: konsumenteninfo.tirol@vki-tirol.at
europainfo.tirol@vki-tirol.at
Mo–Do 8–12 Uhr

Konsumententelefon
Hotline für ersten Rat und Hilfe bei Reklamationen und Beschwerden quer durch alle Branchen.
Tel. 0900 310 015 (Mo–Fr 9–15 Uhr, Kostenbeitrag max. € 0,82/min)

Bauen – Wohnen – Finanzieren
Expertenauskünfte von Juristen in Wohnungsfragen, technische Beratung in Bau- und Energiefragen sowie in Versicherungs- und Finanzierungsangelegenheiten
Tel. 0900 410 015 (Mo–Fr 9–15 Uhr, Kostenbeitrag max. € 1,36/min)

Holzforschung Austria

Forschungsinstitut und akkreditierte Prüf- und Überwachungsstelle
der Österreichischen Gesellschaft für Holzforschung (ÖGH)
Franz-Grill-Straße 7, 1030 Wien
Tel. 01 798 26 23-0 Fax 01 798 26 23-50
E-Mail: hfa@holzforschung.at www.holzforschung.at

Öffnungszeiten: Mo–Do 7.30–16.30 Uhr, Fr 7.30–13.00 Uhr

Landesverbände der allgemein beeideten gerichtlichen Sachverständigen Österreichs

Wien, Niederösterreich, Burgenland

Doblhoffgasse 3/5, 1010 Wien
Tel. 01 405 45 46-0, 01 406 32 67 Fax 01 406 11 56
E-Mail: hauptverband@gerichts-sv.org http://wien.gerichts-sv.at

Oberösterreich, Salzburg

Robert-Stolz-Straße 12, 4020 Linz
Tel. 0732 66 22 19 Fax 0732 65 24 62
E-Mail: office@svv.at www.svv.at

Steiermark, Kärnten

Griesgasse 10, 8020 Graz
Tel. 0316 71 10 18 Fax 0316 71 10 18-20
E-Mail: office@sachverstaendige.at www.sv.co.at

Tirol, Vorarlberg

Purtschellerstraße 6, 6020 Innsbruck
Tel. 0512 34 65 51 Fax 0512 34 47 99
E-Mail: office@gerichtssachverstaendige.at www.gerichtssachverstaendige.at

Literatur

Die folgende Liste beinhaltet Veröffentlichungen, die sich in unterschiedlicher Weise mit der Planung, Einrichtung und Funktion von Küchen auseinandersetzen.

Garrault E, Warion B (2008) Küchengestaltung: Homecoaching. 7hill Publishing, Potsdam

Hausberg T, König S, Hörner S (2007) Küchen: Handbuch zur Küchenplanung. Verlagsgesellschaft Rudolf Müller, Köln

Jeni K (2006) Neue Küchen planen, einrichten, erleben. Blottner Verlag, Taunusstein

Raderschad K (2008) Die besten Küchen: individuell & maßgeschneidert. Callwey Verlag, München

Riegler T (2009) Schöne Küchen richtig planen. Franzis Verlag, Poing

A
Abfalleimer 48, 106
Abluftgeräte 75, 76
– schacht 35, 75, 104
– schlauch 42, 75
– system 75
Abschaltautomatik 63
Abschlussklausel 116
Abstellfläche 22, 25
Abtauautomatik 69, 73
Abtropffläche 25, 35, 44, 49, 58
Abwurfschacht 49
Acryl 57, 88
Allesschneider 50, 54, 80 f.
Allgemeine Geschäftsbedingungen (AGB) 115
Änderungsarbeiten 34
Anleimer 89
Anzahlung 117 f.
Apothekerschrank 28 ff., 44, 51
Arbeitsabläufe 11, 14, 19, 30
– beleuchtung 35
– bereich 15, 17, 32 f., 38, 41, 45, 88, 97, 104
– dreieck 22, 29 f.
– fläche 14, 19, 22, 25, 29, 49, 58, 93
– geräte 18
– höhen 31, 33
– insel 51
– küche 10 f.
– platte 11, 15, 26, 31 ff., 50, 57, 68, 73, 78 ff.
Armaturen 59
Aufhängungen 53
Aufsatzschränke 42
Ausgleich 117, 122
Außenmaße 40
Ausstellungsstücke 16, 102, 104, 106
AUSTRIA-Gütezeichen 54
Ausverkauf 16
Ausziehtische 50
Auszüge 16, 33, 40, 45 ff., 51

B
Backofen 61 ff.
Backraumteiler 65
Backwagen 65
Barzahlungspreis 118
Beckentiefe 32
Beleuchtung 36 ff.
Belüftung 12
Beratung 112, 133
Besteckeinsätze 47, 106
Bio-Küchen 87
Blende 16, 36
Borde 17, 18, 50
Bodenbeläge 95 ff.
Brücke 17

C
Checkliste 107 ff.
Clean Emaille 65
Corian 58, 90, 94

D
Dampfgaren 64, 67
Deckenablagen 51
DIN-Norm 25
Drehauszüge 48
– karussell 48
Dunstabzug 17, 26, 35, 42, 75 f.

E
Ecklösungen 44
– schrank 44 f.
Edelstahl 57, 67, 76, 87 f., 91, 94
Einbaufritteusen 68, 81
Einbaugeräte 40, 73, 104, 106, 130
Einhandmischer 59
Einlegeböden 33, 42, 53
Einzelelemente 16
– stücke 18, 19
Elektro-, Gas-, Wasseranschlüsse 17, 27, 30, 34, 49, 104
Elektrogeräte 15, 16, 35, 54, 114, 124
– herde 62 ff.
Elektronik 63
Elemente, mobile 17
Ellbogenfreiheit 14, 28
Email 57, 62, 65
– spülen 57
Energie 34, 60 ff., 71, 81
– effizienzklassen 74
– kennzeichnung 74
ergonomisch 31, 32, 45, 60
Ersatzvornahme 129
erweiterungsfähig 16
Essbereich 12, 27, 28, 98
– küche 11 f.
– platz 11, 15, 22, 28, 50, 96

F
Fachbretter 16, 33, 40, 45, 52
Falttüren 46
Fehlplanungen 22
Fertigküche 15
Festpreise 106
Flachschirmhaube 42, 75
Fliesen 92 f., 97
Flotex 96
Frankfurter Küche 10, 31
Fritteusen 81
Frontabdeckung 45
Fronten 41, 42, 84 ff.
Frostkontrolle 72

G
Garantie 122 ff.
– anspruch 34
Gasherde 61
Gefrierschränke 54, 71 ff.
– truhen 71 ff.
Geräte 55 ff.
– kauf 117
– maße 72
– schränke 44
– sets 114
Geschirrspüler 34, 55, 59 ff.
Gewährleistung 114, 122 ff.
Gewürzauszüge 51
Glas 52, 58, 93
Glaskeramik-Kochmulden 62 ff.
Granit 94, 99
Gratis-Extras 106
Griller 68, 81 f.
Grillfunktion 62, 64, 67, 82
– platten 68, 81
Grundrisse 13 ff.

Gusskochplatten 62
Gütezeichen 54

H
Halbkarussell 48
Halogen 37 f.
Handtuchhalter 51
Handwerker, konzessionierte 34, 36
Hauptarbeitsbereich 26, 48
– – platte 32
Heizsysteme 62, 66
– wendel 66
Herde 32, 61 ff., 75
Herdschutzgitter 54
Hochschränke 16, 28, 42 ff.
höhenunterschiede 40
Höhenverstellbar 33, 45
Hohlräume 16
Holz 47, 84, 87, 96
– böden 95, 96
– furnier 86

I
Induktion 63, 66
Innenauszüge 44, 45
Insellösungen 14 ff. , 34, 36, 95
Insolvenz 117, 122
Installationen 15, 112
integrierbar 37, 60, 68, 73
Isolierung 44, 65, 73

K
Kabelverlegung 34
Kalkstein 91, 99
Kanten 51 f., 53, 85, 89 f.
Katalyse 65
Kaufpreis 112, 114, 118, 121
– vertrag 114 ff.
Keramik 58
– spülen 58
kindersicher 50, 54 f.
Klappen 40, 46, 48, 53
Klapptisch 11
Kleingedrucktes 123
Kleingeräte 26, 76 ff.
Kochbereich 28, 93, 94
Kochen 10, 22, 29, 61 ff.
Kochfelder 32, 55, 63 ff.
– gerüche 11
– insel 76
– mulde 32, 54, 61 ff.
– nische 14
Konkurs 117, 122
Konsumentenschutzgesetz (KSchG) 115, 122
Kopffreiheit 41
Körbe 40, 46, 48, 58, 72
Kork 97
Körpermaße 31
Korpus 34, 40, 84
– maße 41 f.
Kostenüberschreitung 113
Kostenvoranschlag 35, 112 ff.
Kreditvertrag 121
Küche, einzeilige 13
– im Koffer 18
–, integrierte 12
–, L-förmige 14
–, offene 18
–, U-förmige 14
–, zweizeilige 13
Küchenarbeit 76
– armaturen 59
– bausteine 39 ff.
– berater 30, 76, 104, 118
– block 15 f., 54
– einrichtung 19, 93, 102
– geräte 55 ff.
– grundriss 13 ff., 44
– kauf 102
– maschinen 33, 50, 77
– möbel 31, 47, 73, 95, 112
– modell 15, 40, 45
– montage 35, 93, 95
– planung 103 ff.
– preise 106
– raum 10, 36
– studio 34, 72, 102, 112
– zeile 14, 16, 18, 25, 40, 47, 70, 88
Kühl- und Gefriergeräte 69 ff.
Kühl-Gefrier-Kombinationen 74
Kühlkreislauf 74
Kühlschränke 18, 69 ff.
–, farbige 18, 69
Kunststoff 47, 57, 89, 96, 104
– beschichtung 85
– fliesen 96
– körbe 46, 48, 72
– laden 72
– folien 85
– spülen 57

L
Laden 16, 26, 29, 45 ff., 72
Lagerfläche 13
Laminat 84, 97
Leuchtstoffröhren 37
Lichtblende 15, 36, 42, 76, 98
– leiste 36
– stärke 38
Liefertermin 117, 119, 128
Lieferverzug 119, 128
Linkshänder 24, 25
Linoleum 95
Listenpreis 112

M
Magic Corner 48
Mahnung 120
Mängel 120 ff., 129
Markenküche 53, 85, 103
Marktübersicht 15 ff.
Marmoleum 95
Marmor 91, 97, 99
Maßanfertigung 33
Maße 40, 44, 88, 104, 118
Massivholz 47, 52, 84, 90
– – küche 84
Maßküche 45, 103
– möbel 103
MDF-Platten 84 f., 88
Mehrschichtplatten 84 f., 89, 90
Mehrzonenkühlgeräte 70
Melaminharz 84 f.
Metallkörbe 48
Mikrowellengeräte 42, 57, 67
Mindestabstände 26, 29, 37
– frontbreiten 25
– stellflächen 25
Miniküche 18
Mischbatterien 59
Mitnahmekauf 116

Mitnahmemöbel 114
Möbel 40 ff.
– haus 15, 54, 102, 112, 123
– maße 40 ff.
– oberflächen 84 ff.
Modulküche 13, 17 f., 40, 102
Müllcontainer 46
Mülltrennsysteme 48, 50

N
Nachfrist 120 f., 128
Nachkaufmöglichkeit 117
Naturmaterialien 57, 95
Nettopreis 106
Nirosta 57, 62, 87
– spülen 57
Nischen 50 f., 92 f.
– rückwand 34, 38, 92
– tiefe 14
– verkleidung 92 f.
No-Frost-Automatik 73, 74
Normen 21 ff.
Normungsinstitut 24
Nutzinhalt 69, 71, 74

O
Oberflächen, geölte 87
Oberschränke 15, 26, 32, 41 f., 46, 53, 75
Önorm 25

P
Paneelwände 17
Plan 101 ff.
Planungsarbeit 112
Podest 34, 95
Polyurethanlack 85 f.
Preisminderung 125
– nachlässe 106
Prüfinstitute 51, 54
PUR-Lack 85 f., 88
PVC 95
– -Fliesen 96
– -Folien 85
Pyrolyse 65

Q
Qualität 15, 16, 51, 54, 99, 103

R
Rabatte 106, 112
RAL-Gütezeichen 54
Ratenkauf 114, 118
Raumbeleuchtung 36
– ecken 44
– luft 75, 76, 84
Rechtshänder 22, 25, 28, 69
Regale 18, 50
Reinigung 61, 63, 66, 69, 73, 91
Reinigungssysteme 65
reklamieren 127
Reling 18, 46, 50, 51
Resteausguss 58
Restwärmeanzeige 63
Rollen 17
Rollläden 40
Rolloschrank 28, 33, 35, 42, 50
rückenschonend 31
Rücktritt 118, 120 ff., 128, 130

S
Säuren 87, 91, 99
Schadenersatz 121, 122, 126, 128
Schaltkasten 54, 62
Scharniere 15, 53, 104
Schaumpolsterbeläge 95, 96
Schichtstoff 85, 87, 88 ff., 93, 98
Schiefer 99
Schrankküchen 18
Schriftformklauseln 115
Schubladen 26, 29, 33, 40, 45 ff., 74, 106
– einsätze 47
– sicherung 54
Schütte-Lihotzky, Margarete 11
Selbstbaumöbel 40, 54, 103 f.
Selbstmontage 103, 126
Serienproduktion 113
Sicherheit 26, 33, 35, 50, 63, 80, 99, 117
Sichthöhe 33
– schutz 11, 28
Sitzarbeitsplatz 31
Skizzen 104
Sockelhöhen 45
– laden 45, 53
– leisten 33, 53
Solitärmöbel 18
Sonderanfertigungen 113, 117
– wunsch 41, 102
Spanplatten 52, 84 f., 88, 90
Speisekammer 29, 69
Spritzschutz 78, 94
Spüle 55 ff.
Spülenunterschrank 41, 45, 50
Spülinsel 108
– zentrum 17
Standardhöhe 33
Standardisierung 24
Standardmaße 41, 45
Standgeräte 62, 68, 71, 73
Stauraum 29, 34, 40, 46, 50, 77
Steckdosen 34 f., 104
Stornierung 116
Strom 34 ff., 62, 73, 104
– verbrauch 38, 65

T
Teillieferungen 120
Teleskopwagen 65
Teppichböden 96, 123
Terrakottafliesen 98
Tischler 33, 84, 103, 112
– küche 54, 112
Topfkarussell 48
Trennung, optische 12, 95
Türanschlag 69 f.
Türen 13, 16, 26, 40, 45 f., 53, 71, 106

U
Umluftgeräte 75
Unterbaugeräte 19, 70, 73
Unterschränke 11, 15, 26, 34, 40 ff., 58
Utensilien 11, 18, 29, 32

V
Vario Corner 48

Verkaufspreise 106
Versorgungsleitungen 34
Vertrag 114 ff.
Vertragsabschluss 112, 115, 116, 118, 124
– erfüllung 120 f.
– klauseln 115
– unterzeichnung 117 f.
Vollauszug 47, 52, 103
Vollholz 87, 90
– – fronten 84, 86
Vorbereitungsinsel 14
Vorratsbereich 17, 46
– haltung 22, 24, 69, 71
– schrank 25, 42 ff.

W

Wandverkleidungen 92, 94
Wärmeschleuder 75
Warnpflicht 113
Wasseranschlüsse 17, 27, 30, 34, 49, 104
– schutzsystem 61
Wegstrecke 22
Wohnbereich 10, 12, 95
– küche 12, 59, 71, 95

Z

Zurückbehaltungsrecht 121, 129
Zusatzfunktionen 62, 63, 67
– geräte 67 f.

Gesund einkaufen

Qualität bei Obst und Gemüse, Milch, Fleisch und Fisch erkennen. Wie Sie Fertigprodukte in Ihren Speiseplan einbauen und Wissenswertes über Light-Produkte, Functional-Food, E-Nummern und Gentechnologie. Außerdem: Produktionsweise und Herkunft von Lebensmitteln und Gütesiegel.

ISBN 978-3-902273-64-2
152 Seiten, brosch., € 14,90

Obst & Gemüse einkaufen

Die bekanntesten, aber auch fast schon in Vergessenheit geratene Obst- und Gemüsesorten: Herkunft, Kennzeichnungsvorschriften, Tipps für saisongerechten Einkauf, Lagerung und Haltbarkeit sowie Zubereitungsmöglichkeiten. Außerdem: Die Aspekte Schadstoffe und Produktionsformen.

ISBN 978-3-902273-93-2
156 Seiten, Flexcover, € 14,90

Bettenkauf

Federkern, Latex, Schaumstoff bzw. Seide, Synthetik und Daunen: Dieses Buch zeigt Vor- und Nachteile aller Materialien auf und worauf man beim Kauf achten sollte. Außerdem: Hausstaubmilben und Allergien in den Griff bekommen und wie Elektrosmog im Schlafzimmer vermieden werden kann.

ISBN 978-3-902273-68-0
136 Seiten, brosch., € 14,90